あなたの孤独も幸福も、星はぜんぶを知っている

―ＡＮＮＡ.の星読み―

ＡＮＮＡ.

飛鳥新社

はじめに

星を見上げることはありますか？


私は子どもの頃から、真夜中のベランダで、星を眺めるのが好きでした。

どこにも身の置き場がない夜に、見上げれば必ず輝いている月と星は、孤独の中で見知った顔を見つけ出せたような気持ちにさせてくれます。

厚い雲が空を覆い隠していたとしても、そこに必ずあるのだと思えば、私の心は慰められたのです。


私にとって星は身近で、親友のような、自分の分身のような心の託し先でした。

しかし、自然哲学的なことではなく、科学的理論として地球と宇宙の相関関係を知れば知るほど、星は途方もなく遠い存在だと分かってしまいます。


占星術は、そんな星々の配置から自分自身や未来を読み解く知恵です。

実際はただのオカルトでもあると思います。しかし、夜空に瞬く星々は、ただ美しいだけではなくて、古くから人々の道しるべとなり、人生を映す鏡として語られてきました。

長年淘汰されることなく、星の声を読み解く術は、今なお磨かれ続けています。

私たちの文明や精神性の発達によって、再解釈され続ける中で生まれたのが、本書です。

この本は、占星術の教科書ではありません。何かの答えを明確に記したようなものではなく、占星術の考え方を活用してより良く生きていくための試みとその結果を自分なりにまとめたものです。

占星術の考え方からこのように発展させていくのか、など、読んでくださった方が何かを考える際の、材料やとっかかりにしていただければ幸いです。

必要な方に、必要なメッセージが届きますように。

星読み研究家　ＡＮＮＡ.

Contents

Part 2 運命はあるかの問いに

Part 3 星読みの幸福論 …146

Part 4 私が愛する12星座のあれこれ……190

あなたの生まれた瞬間の星の配置

出生時のホロスコープが分かった状態で読んでいただくと、本書をより楽しめます。ホロスコープはARI占星学総合研究所のホームページから調べることが出来ます。

二次元コードを読み込み、あなたの生まれた瞬間の星の配置図を出してみましょう。

ホロスコープを無料で調べられるサイト

ARI占星学総合研究所：https://www.arijp.com/horoscope/

生まれた時刻は、母子手帳で知ることが出来ます。もしも、分からない場合は、正午に設定することで、比較的ズレの少ない、天体の星座を知ることが実現します。

また、ハウスシステムは、「プラシーダス」に変更してください。

調べたホロスコープを記入しましょう

	星座（サイン）	在住ハウス	
太陽	座	ハウス	太陽は、あなたの自己表現。 総合的に見られる姿
月	座	ハウス	月は、あなたの無意識。 欠けては満ちる欲望の形
水星	座	ハウス	水星は、あなたの コミュニケーションの特性
金星	座	ハウス	金星は、あなたの心が沸き立つ事柄
火星	座	ハウス	火星は、あなたの挑戦心と積極性
木星	座	ハウス	木星は、あなたの世代が大らかに 接することが出来ること
土星	座	ハウス	土星は、あなたが苦手に思いやすくも、 乗り越えていける分野
天王星	座	ハウス	天王星は、あなたの世代が担う 革命の意識
海王星	座	ハウス	海王星は、あなたの世代が夢見やすい傾向
冥王星	座	ハウス	冥王星は、自覚できない意識、時代の背景
ASC	座	ハウス	
MC	座	ハウス	
ドラゴンヘッド	座	ハウス	
ドラゴンテイル	座	ハウス	

牡羊座は、　行動的・挑戦・リーダーシップ・情熱・スピード
牡牛座は、　安定・五感・美意識・所有・粘り強さ
双子座は、　知的好奇心・フットワーク・コミュ力・情報・器用さ
蟹座は、　家族愛・共感・感受性・守る・安心感
獅子座は、　カリスマ・創造性・自信・表現力・華やかさ
乙女座は、　分析力・実務能力・細やかさ・整理整頓・サポート
天秤座は、　バランス感覚・社交性・美的センス・調和・洗練
蠍座は、　探究心・深み・秘密・変容・情熱的
射手座は、　自由・冒険・楽観主義・哲学・グローバル
山羊座は、　努力・計画性・責任感・野心・現実主義
水瓶座は、　革新・個性・独立・未来志向・コミュニティ
魚座は、　夢・直感・癒やし・芸術・神秘的

Part ★ 1

宇宙と
心のつながり、
そして
自己変革

星空は心模様。日々の移ろいを感じとる

夜空に輝く星たちと私たちの心は繫がっています。

心はやわらかくて流動的です。星もまた、空にとけ込み、夜には光を受けて、輝きながら、静かに運行を続けています。

たとえば、薄暗い道を一人で歩いている時、理由のない不安が襲ってきて、ふと立ち止まり、後ろを振り向いてしまったことはありませんか？

そんな瞬間は、誰にでも起こりえることです。それは私たちが心を持っているからなのではないでしょうか。

私たちは日常を過ごしながら多くのことを感じとり、様々な思いをひそかに抱きます。その動きはとても複雑で、生きているから感じるのか、気持ちがあるから生きているのか、わからなくなってしまうくらいです。

好きな人の表面的な優しさをお相手の本質だと思い込もうとしたり、惚れた弱みで、なんでも言うことを聞いてしまったり……。気持ちにすがりついて生きていくような恋愛を、経験した人は少なくないと思います。

また、日常の忙しさに染まり、「感じる」ということを忘れてしまうことも珍しくありません。なんでも良いや、と全てにおいて鈍感になってしまう。そんな時、己の人生を自分で選んでいるのではなくて、「選ばされている」ということがしばしば起こります。

私自身も学生時代に一人暮らしを始めた頃、そんな状況に陥っていました。学業とアルバイトでスケジュールが埋まり、自炊をする体力も残らないような生活をしていました。

帰り道にコンビニに立ち寄った時には、お腹は空いているのに何が食べたいのかわからず、ただ毎日、なんとなく頑張っている感じで、これから自分が何をどうしたいのかも、どうすべきなのかもわからずに、とりあえず働く。

その後、就職してからも、私なりに一生懸命に働いていたので、毎日ヘトヘトで、何かを勉強するということは時間や体力に余裕がないことを理由に、ただただその日を消化するだけでした。時々、少しの贅沢をしては、充実しているかのように自分を騙しながら、毎日をただやり過ごしていました。

現状に甘えることはある意味、平和なことです。

新年の抱負も、夢のカケラもない頃は、自分は欲のない人間なのだと、ただそう思っていました。それを個性や性格だと本気で勘違いしていたのです。

そんな私の価値観を一変させたのは、知らない間に溜まっていたフラストレーションでした。ある日、それが大爆発。

今までの生活が嫌で嫌で仕方がない、全てが偽物の人生だったような感覚。そして、自分の空っぽさを後悔し、どうしてやりたいことをしてこなかったのだろう、と自問自答する日々。

私の心変わりによって、価値観は大きく書き換わり、人生はどんどん変わっていきました。何か明確なきっかけとなる出来事があったわけではありません。あったのかもしれませんが、ただ日常を過ごすうちに、知らずに積み重なっていたものが雪崩を起こしてしまったような感覚です。

占星術の世界では、星と心が繋がっているのは意識の奥深く、無意識の部分だと考えられています。ゆっくりと私の中で蓄積していたものは、星の運行によってゼンマイを巻かれていたかのように飛び出して行きました。

本音が出てきてしまうタイミングは、自分でその問題について取り組める準備が出来た時だと、私は自分の星を読んで知っています。

現に私は人生の転換期を経たことで、占星術について勉強をしたいと思い、それを目標にしています。今でもその道の途中です。

古代エジプトの賢者ヘルメス・トリスメギストスが著したとされる『ヘルメス文書』に「上なるものは下のごとし」という一節があります。宇宙上にある法則や天体の動きが人間にも反映されているという考え方を示すものです。

私たちが生きているから、世界があって宇宙がある。また逆に宇宙があって地球があり私たちの生きている世界があります。

宇宙（マクロコスモス）と人間（ミクロコスモス）が、それぞれ大宇宙・小宇宙として、対応しあっているとするアイデアが思想として真剣に研究されているのです。その研究では、「人間は小さな宇宙である」と解釈されており、これらは人間が宇宙と同じ法則に従って生きていることの確かな示唆だと思います。

もしも、私たちの心というものが、宇宙のようにまだまだ未開拓で測定不能なほど、とんでもなく広く深いものなのだとしたら。たくさんの感情や目標こそが輝く星々で、生命そのものが太陽だと言えるでしょう。

星は、手を伸ばしても掴めません。しかし、心の中にある輝きに気がついた瞬間、遠い光は現実的な目標へと変貌します。

あなたの心に星たちが散らばる時、あなたの心も晴れやかなはず。

心の小さな声に耳を傾けて
あなたと
宇宙はつながっている

心模様の中で、惑星が担うものとは

感情とは何なのでしょうか。心とは何なのでしょうか。

占星術は、太陽の光を反射して輝く惑星に、それぞれ象意を当てはめて、心や感情を表しているとされています。

私たちは普段、テレビや雑誌、ウェブサイトなどの星占いで、「魚座のあなたは…」とか、「射手座の今月の運勢は…」とか見聞きしますが、誕生日で仕分けられる12星座占いでは、あなたが生まれた瞬間に、太陽がその星座エリアにあったという、太陽星座のことを示しています。

太陽星座は、その人の行動として現れやすい部分を担っています。なので、友人を当てはめた時にはよく当たっている気がしても、自分自身と照らし合わせた時には、どこかしっくりと来ないことがよくあります。

一方で私たち占い師は、個人の生年月日だけでなく、生まれた時間や場所といった詳細なデータをもとに、その人専用の「ホロスコープ」を作成します。

これにより、12の星座だけでなく、惑星の位置、アセンダント（東の地平線上の星座）なども考慮しながら鑑定するため、一人一人に合わせた精密な占いが可能で、恋愛や仕事、将来などについて具体的なアドバイスが出来るというわけです。

このホロスコープを用いて、個人の性格や心理パターンを細かく分析するものは、特に「心理占星術」と呼ばれています。感情は行動と思考の理由となるものです。感情を知ることは、その人の内面世界や行動の背景を理解するために、とても重要です。

12の星座は、夜空の番地です。

私たちは皆、同じ宙《そら》のもとで同じ数の星座を持ち、時間によって異なる星座の影響を、惑星を通じて受け取っています。

太陽は公の私、月は無自覚的な私です。

水星はコミュニケーションを司り、金星は喜びを担当します。

火星は挑戦や怒り、木星は大らかさ。

土星は厳しくあろうとする部分。
土星より遠くにある天体は、トランスサタニアンと呼ばれ、世間や時代の背景を担うものとされています。

太陽はもちろん、月や水星、金星と火星は、占星術を少しかじれば、興味が出てくるもののはずです。火星までは個人天体と呼ばれ、自分を知ること、また他者との違いを明確にすることに役立ちます。

もしも、あなたが占星術を学ぶのであれば、自分自身と他者との違いを明確にした後に、世代や価値観など、他者との共通項にも目を向けてみてください。
その時代が何に対して意識が高く、それでいてどんな夢を持ちやすいのかは、思ったよりも私たちの価値観に色んな影響を及ぼしています。

子どもたちのなりたい職業ランキングが、時代の特色を測る一つの指針とされるのは、子どもたちの心が、人気の職業に憧れる時、まるでリトマス紙のようにその魅力に敏感に反応し、純粋で真っ直ぐな気持ちを映し出すからだと思います。
また、「自分はこうである」と固めすぎることは、他者との線引きを濃くしてしまい、あげくの果てには、星座ハラスメントにつながっていく恐れもあります。

心理学者ポール・エクマンは、喜び、悲しみ、怒り、恐怖、驚き、嫌悪の6つを基本的な感情だと提唱しました。

6つのうちのほとんどがネガティブなものだと気づいた時に、個人的には驚きのような納得のような、悲しい気持ちになりました。

また主に中世ヨーロッパで広まったキリスト教の伝統的な倫理思想である「7つの大罪」は、傲慢、嫉妬、憤怒、怠惰、強欲、暴食、色欲とされています。

許すことが難しいような言動も、相手の感情を知れば理解が深まり、その背景に納得することが出来れば、思いやりの気持ちを持てることもあるでしょう。

感情は誰かを傷つける行動にもつながりますが、理解し心を通わせることで、許しや同情といった結末を迎えることも出来るはずです。

もしも誰かから、理解し難い被害を受けた時には、相手にも10個の星座があるのだから、喜びや優しさを受け取る感受点があるはずだと、誰にでも心があることを忘れないようにしたいものですね。

ホロスコープは、心の構造を解体してくれるものです。文化や人種が全く異なっていたとしても、心の仕組みにどこか共通項を見つけられたら、色んなものを乗り越えて、気持ちを通わせられるかもしれません。

私は、心そのものを水飴の様なものだと思っています。
温かければ蕩《とろ》けて、冷えることで硬くなるのは、『北風と太陽』の童話のようです。出会う人々は、あなたの心をかき回し、矛盾した想いは、あなたの心を引き延ばします。苦労して心を練れば練るほどに粘度は高まり、なめらかでとろりとした口溶けになっていく。人生がもたらす甘露を味わうために必要なことは、心に沢山の風を含み、色んな想いを理解することなのではないでしょうか。

星を信じ、天体に想いを託すことは、この狭い世界に途方もなく広がっている、私やあなたの心をほんの少しでも理解することが出来るかもしれないという前向きな期待そのものです。

多くの出会いを描いた星々が
その運行を続ける限り、
永遠のお別れは
ないのかもしれません

星とともに生きている

占星術では、「惑星の年齢域」という考え方があり、それぞれの年齢のタイミングで該当する惑星の意識が開発されるとされています。

「惑星の年齢域」という考え方は、19世紀から20世紀初頭にかけて活躍した占星術師セファリエルの理論をもとに生まれました。この概念を、日本では神秘哲学や精神世界の研究で知られる松村潔氏が、日本人にもわかりやすい形に整理し、多くの人に広められたものになります。

その年齢の時に経験した感情の体験は、あなたの人生と生き方に大きな影響を及ぼしていると考えることが出来るのです。

「同じ宇宙のもとに生まれているのだから、私たちは分かり合えるはずだ」と、心のどこかで信じていながら、それを押しつけることは乱暴なこと。また、どんなに言葉を交わそうとも、時間をかけていこうとも、人と人が本当に分かり合えた確証はどこにもないのだと思います。

同じ人間は二人といません。血のつながった親であっても、考え方は異なり、自分というものを探しながら生きていきます。それについて、「惑星の年齢域」という考え方で見ていきましょう。

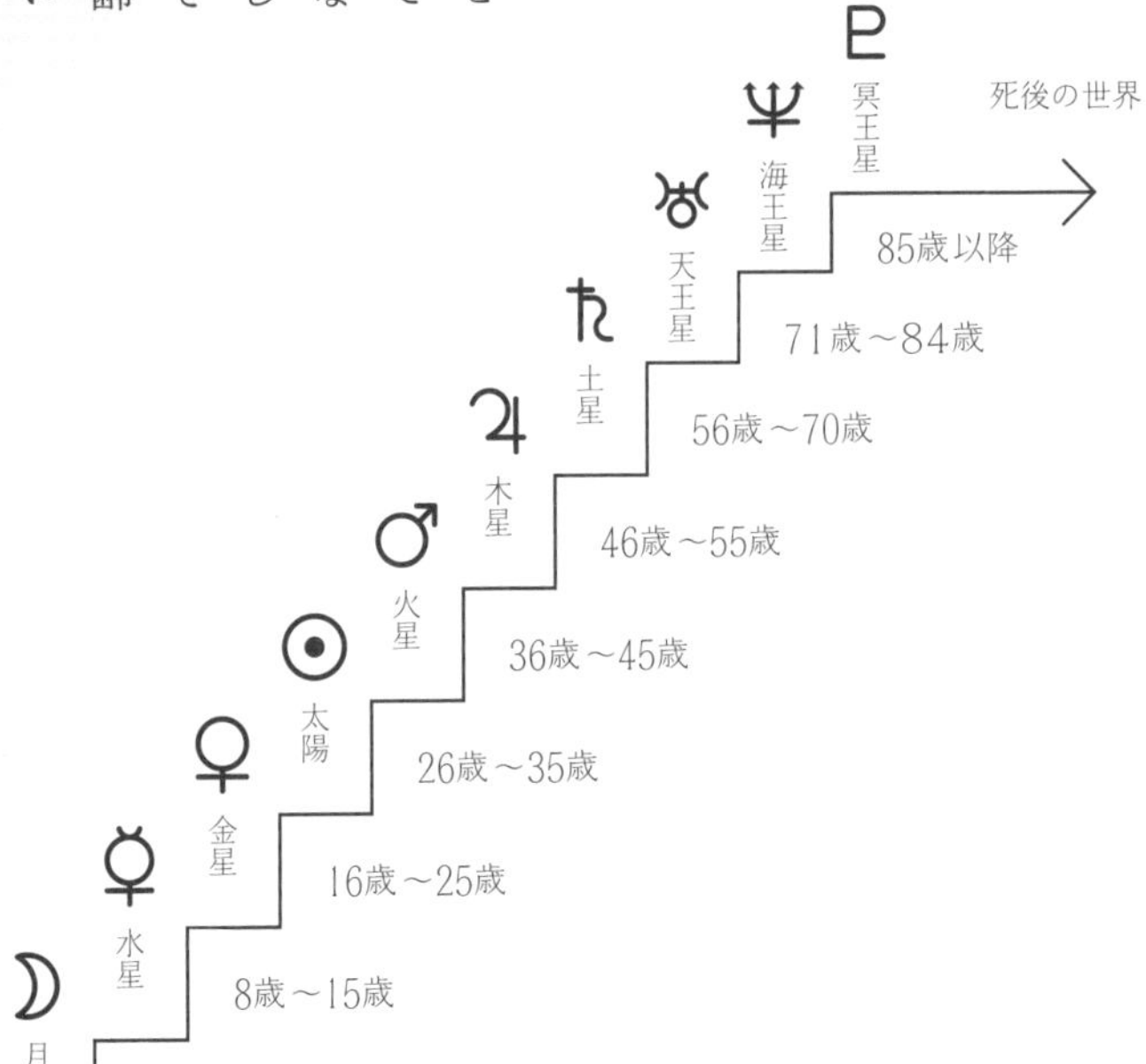

惑星の年齢域

周囲の感覚に染まる透明な月の年齢域（0〜7歳）

地球の衛星である月は、地球の引力がなければ宇宙空間へと放たれてしまいます。それは私たちに当てはめても同じことで、柔らかくて純粋な「生まれたての心」は、つなぎ止めてくれる温かいつながりがなければ、いつ消滅してもおかしくない危うい存在です。

純粋な水がどんな形状の入れものにも注がれてしまうように、生まれ落ちた環境や価値観に染まりやすいのは生命たちの純粋で強かな生存戦略なのだと思います。月の年齢域に経験することは、あなたにとって「当然」となるものです。生まれてから物心がつく頃までに感じた気持ちは、あなたの「当たり前」となる根底部分である価値観を作り、自分が幸福感を感じやすい環境や雰囲気として、意識の中に刷り込まれていきます。

また、人は楽なほうに流されるものです。人任せにして苦労しないことや、自分に非があっても謝らないという場面は、状況を無視して自分の心の平穏ややりたいことを無意識のうちに選択をしてしまっています。

実年齢が何歳であれ、月の年齢域に学んだことをあなたの月星座を通して選んでしまっている時、私たちは「大人子ども」になってしまうのかもしれません。

関わりを持っていく水星の年齢域（8〜15歳）

水星の年齢域では、自分の考えを発展させ、周囲と様々な意見交換をしていきます。

「何で？　どうして？」と疑問を持つ子どもは、時に大人たちの強敵です。この年代では親の目が届く安全圏でのコミュニケーションを学び、人とどのように仲良くするのか、生まれ持った個性が出やすい部分でもあります。

また、女の子は女の子らしく、男の子は男の子らしくあるべきという型にはめられていくような教育を受ける年代でもあります。「こんなことを言ってはいけないんだ」とか、「自分は話すのが苦手なんだ」という、コミュニケーションにおける苦手意識を密かに培ってしまいやすい時でもあります。中学校に上がったら、騒がしかった子が大人しくなったり、また大人しかった子がお喋りになったりするのは、環境によって水星が鍛えられた結果なのだろうと考えています。

個性が欲しい金星の年齢域（16〜25歳）

自分がどうしたいのかというよりも、どう見られているのか？　という部分を客観的に意識できるようになる時期です。この頃は、流行感覚が最も鋭くなり、また周囲と比較して、自分の容姿についてコンプレックスが大きくなったり、属しているコミュニティによって、ものの価値基準が大きく変化していきます。

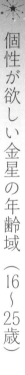

自我が出てくる太陽の年齢域（26〜35歳）

金星の年齢域に学ぶことのほとんどが、実は「より多くの人から愛される方法、または親の庇護下にいながら愛される方法」だったりします。自分を表現するというよりも、愛される形に自らをトランスフォームさせていただけなのです。

そんな自分自身が正解だとしていたものの矮小さに、ふと気がつけるのが、太陽の年齢域です。「○○でなければならない」という価値基準を手放し、自らに基準点を置き直し、今まで作ってきた自分のキャラクターや周囲からの期待という枠組みを破壊していきます。今までよりも我慢するべきポイントや、譲れないポイントがよく見えてくるのです。

果敢に挑んでいく火星の年齢域（36～45歳）

30代後半が、大人で落ち着いているなんてことは幻想です。一般的には家庭を築き、マイホームを購入したりと、一国の主になっていたりするかもしれませんが、家族のためにますます働き、今までよりも自由に、自らの采配で人生を生きていくことが可能になる年代です。

金星と太陽の年齢域に自己表現方法を獲得しなかった人は、ここでも果敢に挑戦していきます。

人生で最も熱いのは、この火星の年齢域なのかもしれません。

手を広げていく木星の年齢域（46～55歳）

この頃には、人生において、自分が活躍できる分野やステージというものの、ある程度の方向性が定まっているはずです。今までは、生活のために働くスキルを磨いてきたのかもしれません。

木星の年齢域は、今まで遠慮して出来なかったことにも参加しやすくなると考えられます。それは、ある程度の社会経験や精神的な余裕から、自分自身に対して、そして社会全体に対しても、自然と大らかに振る舞えるようになり、物事を受け入れる力が増しているからです。

木星的な意識とは、許しにも似た柔軟さだと考えています。より広い視点で物事を捉えながら柔軟に対応できるため、他者の考えや価値観を尊重しつつ、必要以上に対立をしない。

違いを認められる、懐の大きくなった自らの成長を自覚できることでしょう。

世界観を持って融合していく土星の年齢域（56〜70歳）

己の世界観を強め、自分らしい在り方で世界と接していける期間です。「他者の考えや価値観を尊重しつつ、必要以上に対立しない」という木星的な意識がさらに強化されていきます。必要以上に対立しないというのは他者の問題を背負わないということです。踏み込まないようにすることで、自らの領域を守備していきます。それは、自分さえよければ良いという冷たさではありません。各々の成長する力を信じ、それぞれに自己責任という誇りを見出していくようなイメージです。木星の年齢域よりも自分の身内や家族、そして職場など、内と外との線引きが強化されながら、見守る力が強くなっていきます。

超越していく天王星の年齢域（71〜84歳）

男女によって平均寿命は異なります。また、医療の進歩や生活スタイルの変化から、人類全体の健康寿命は延びると思います。しかし、そもそもの肉体的な限界値はどうでしょうか。私は最新医療について詳しくはないのですが、人体のままで寿命そのものが延びていくのかは、少し疑問です。寿命は終わることで、次世代にバトンを渡していきます。しかし、精神的な成長と成熟は止まることはありません。

江戸時代を代表する浮世絵師である葛飾北斎は、75歳で画狂老人卍《がきょうろうじんまんじ》と画号を改めています。現代人の私たちからすると、かなりヤンチャな字面に見えますが、

「卍」自体は、北斎が信仰していた宗派上での意味合いがあるとされています。また、画狂人や卍という単語は、彼のここでいう火星と木星の年齢域にも画号として使われていたことが確認されており、彼にとって「画狂老人卍」という名前は、突拍子のないものではないようでした。

そもそも「葛飾北斎」という最も有名な名前で活動していたのは、46歳〜51歳辺りまでです。それ以降は戴斗《たいと》や為一《いいつ》という、画号というよりも個人名のような名前で活動していました。

もしかしたら彼は、自らを名乗るということよりも、絵を狂ったように描く存在として名乗りたかったのかもしれません。しかし、それは職業そのものを名乗るようなものであり、名前ではない、という常識的な部分が邪魔をしたのかもしれないと、想像することは出来ないでしょうか。

天王星の年齢域になった時。それは社会の常識に囚われず、自らのなりたいものになれる無敵の期間なのかも。

天王星の年齢域の次は、海王星の季節へと移り変わります。人間にとっての、

「晩年」については、様々な終着地点があると思います。海王星は夢見る天体です。85歳以降の海王星の年齢域については、それぞれが歩んできた道をふわふわと振り返るのかもしれません。

思春期には背が伸びたり声変わりをしたりして、身体的に個体差が明確になってくるものですが、私たちは一生をかけて、自らの魂に相応しい精神性へと成長をし続けているのだと、個人的には信じています。

ここでお話ししたいことは、私たちは知らず知らずのうちに様々なものに染まりつつ成長をしていくということです。そして、与えられた価値感覚で自分自身を満たしながら、個性や考え方を練り上げていきます。

生きていれば、色んな思いが去来します。何か生きづらさを感じた時に、はっきりとした出来事がなかったとしても、あなたが子どもの頃にされた扱われ方や、幼児教育などがあなたの月の意識に傷をつけてしまうこともあります。

優しさとは、甘やかすことでも、刺激しないことでもありません。叱られずに育った子どもは親からの関心を感じられずに、自己認識が歪みます。特別な才能を持っていて親や親族たちが褒めそやしたところで、他者との関わり方を学ばなければ、その才能を正しく発揮するために何か苦悩を背負うかもしれません。

私たちは徐々に完成されていきます。月が限界まで満ちた時、ハッと息をのむほど美しいのは、ある一定以上の輝きを放つからです。ある程度の成長を遂げなければ、自分の個性に気がつくことは難しく、その才能が偉大であればあるほど、開花するために必要な条件が複雑になります。失敗を知らないことも失敗だと私は思います。

私たちは星とともに生きています。

惑星の運行と連動するように人生の軌跡を描くならば、私たちこそ、惑う星なのかもしれませんね。

悩めば悩むほどに、輝きを増していく私たち

惑う星の私たちが輝くために

私は今、太陽の年齢域から火星の年齢域付近を生きているのですが、自己受容と心の余裕を生むための生き方が出来ないかどうかを、一生懸命に探していた時期がありました。

ストレスは良い緊張感を超えてしまうと、その人の良さや魅力を霞ませてしまいます。

人は誰しも12星座全ての要素を持っているのですが、誕生日から分かる太陽星座は社会生活において最も輝きやすい特色です。そして、自己表現そのものであり、自信の現れ方を示しています。

月星座や金星星座を調べた時には、知らなかった沢山のあなたの素敵な一面を知ることが出来るでしょう。

太陽星座が牡羊座の方は瞬発力、牡牛座の方なら継続力、双子座の方は軽やかさなど、それぞれ長所を持っています。蟹座の包容力、獅子座の決断力、乙女座の改善力、天秤座の公平さ、蠍座の安心感、射手座の冒険心、山羊座の責任感、水瓶座の発想力、魚座の信頼心。

これらは全て、あなたが日常を楽しく過ごすために必要な力ですが、心の余裕がある時でないと、使いこなせなくなるものです。

そこで、みなさんに楽しい日々を過ごしていただきたく、自己受容と心の余裕を生むテクニックを、シェアさせていただきたいと思います。

何か少しでもご参考にしていただければ幸いです。

自分を否定しないこと

成果主義になってしまうと苦しいものです。失敗は成長の一部と考え、責めるのではなくて挑戦が出来た自分を褒めていきましょう。

「出来ていない」ではなく「出来たこと」に目を向けて、自分自身を採点&悪いところ探しをやめていくこと。何か難しいことをするのではなくて、自己採点癖を手放していきましょう。

今この瞬間に集中すること

過去も未来も、もう自分の手ではどうしようもないものです。ですが案外、今この瞬間に集中をすれば、どんなことも選べる自分に気がつけます。作業から手を離してよいし、寝そべっても良いし、アイスを食べ始めても大丈夫。

自分の感情を認めること

私たちには自分の心は美しいと思いたいというバイアスがあります。なので、誰かに対する嫉妬や妬みを隠すために、歪んだ行動に出たりします。疲れや恐れや悲しみも同様です。

ただ認めてしまって、自分の感情を傍観してみることで、好ましくない感情を踏み台にし、そこからどっちに進んでいこうか、今まで見えていなかった選択肢が現れてくることもあります。心って案外、強いんです。

自分のペースで休むこと

疲れたら「休む」を許可していく。

ずっと頑張り続けるよりも、適度な休憩を挟んだほうが、生産性は上がっていきます。

「効率」よりも「楽しさ」を重視してみることもおすすめです。自分が楽しいと感じられれば、それが最も得意なものになっていくことでしょう。

苦しくなる目標を立てないこと

自己満足を認めていきましょう。

やれるところまで出来たことがすごいのです。

「やらない選択」も時にはＯＫですし、全てをこなす必要はありません。優先順位をつけて、たまには「やらない」を選択していきましょう。

無駄な情報から距離を置くこと

情報過多は心と脳を疲れさせ、ストレスを生み出してしまうものです。

何となく気持ちが塞ぎ込んでしまう時や、疲れが取れない時はデジタルデトックスを心がけて、ＳＮＳやニュースは、必要以上に見ないようにしてみましょう。


これらのテクニックは、心理学や哲学などを落とし込んだ自己啓発本などの中で、見かけたことがある人もいるのではと思います。

または、ＳＮＳでよく呼びかけられていることかもしれません。


でも、もしあなたがこれらのことを実践しようと思う時があるなら、その時のあなたはよほど限界な状態にあるのではないでしょうか。

なぜなら、これらは、

「高い向上心は素晴らしい」

「限界を決めつけてはいけない」

「夢は大きく」

「責任感を持て」

「計画的に過ごしなさい」

「アンテナを常に張っていなさい」

「自分に厳しくあれ」

などの正しい言葉たちとは、正反対のことをすすめています。

また、自分が調子を崩したりして、

「予定をこなせなかったこと」

「最新の情報についていけなかったこと」

「何とも思っていないと強がってしまったこと」

「つい嘘をついてしまったこと」

「つい自己保身に走ってしまったこと」

「視野が狭くなってしまったこと」

「誰かにご迷惑をかけてしまったこと」

「弱音を吐いてしまったこと」

「思わず涙がこぼれてしまったこと」

などの弱い自分を肯定し甘やかすようなニュアンスを持っています。

本来、自分に優しくするべき人のほうが、正しい言葉に引っ張られてしまうことが多いものです。

甘やかすということは、自分への許可と自分の弱さを肯定する強さがないと、中々出来ないことだと思います。

内心で、理想通りこなせない自分を嫌っているという人も多いのではないでしょうか。

まずは、自分を手放しで「素晴らしい」と、そう断言していきましょう。

私は良くやっていると、心と頭に伝え続けていきましょう。

私たちに取り除くべき性質はありません。

直すのではなく、
それは成長への伸び代です

あなたは素敵なのに、自分の魅力にただ鈍感

自分自身を大切に出来ない人はとても沢山います。それは、誰かを優先し続ける日々の中で、自分の心の声を無視し続けてしまったからかもしれません。

また、自分なんてとうつむいて、自己卑下をしてしまうこともあります。そんな人は、平和を愛し、争いを避ける心が強いのかもしれません。

そして、あなたが人と上手に付き合えないのは、実は誰よりも情が深く、他者を大切に思う気持ちが強いから。または、相手の心を自分よりも、慎重に思いやりすぎているのかも。

あなたが「自分なんて何もない」と思ってしまうのは、周囲の人々を素直に「すごい」と感じることが出来る、素晴らしい感性の裏返し。その感性は、簡単に手に

入るものではなく、あなたの優しさと誠実さが育んだ美しいものです。

優しさは本物であればあるほど、それは自然に何気なく行使されます。わざわざ褒められたり拍手を送られるものではないのです。

そう考えると、優しい人は損をしやすいのかもしれません。

優しさとは、愛を知る者の本能です。

しかし、その優しさをいかに演出していくのか、またどんなタイミングで切り出していくのかで、周囲からの評価は変化します。優しい人が優しさを制御せずにいたら、当たり前の気質や不器用さとして映ってしまい、あっさりと見過ごされてしまうのです。

見せ方を心得ている人、間合いを読むことが上手な人たちは、優しさとともに理性を持っているのだと思います。

つまり、あなたは素朴すぎるのです。

飾り気のない心で、世界と向き合っているからこそ、色んなことを刺激として強く感じてしまうのではないでしょうか。

元は、あなたの優しさの表現であり、あなたの心を守るためのものであった「他人に対する遠慮や気遣い」が、いつしかあなたの心を覆い、重くのしかかっているのかも。

あなたに必要なのは、思いっきり世界へと飛び出していく勇気と軽やかなベールです。窓を開けて空間がつながったとしても、さらっとベールをひるがえし、世界と一線を引くための輪郭として、仮面として微笑みを少しだけでも意識していけば大丈夫。

また、あなたは、誰かに発表と挑戦の機会を譲り続けて、周囲に助けてもらえるチャンスを失ってしまったのかもしれません。

あなたが大人の手を煩わせない良い子であればあっただけ、甘える方法を知らない可能性があります。

「出来る」と思われると褒められないことって、かなり理不尽なことですよね。

だからこそ、「ここまでで十分！ 私はよくやっている」と、自分自身を褒めてあげましょう。

あなた自身で自分を満たしていくことで、どんな言葉もあなたに染み込んで、本来の柔らかさを取り戻せるはず。

だから、どうか一人で涙を流さないでください。あなたの意識を過去に縛りつけず、今の自分を否定せずに、成長を諦めないでください。

あなたの美しさは誰かに損なわれるものではありません。

あなたが行うべきは、あなたの優しさと愛の上に、経験や学びを積み重ねて、気づきを得ていくことだけ。

あなたが、「すごいな」「素敵だな」と感じるあの人と同じくらい、「あなたは素敵」。その事実を、心の片隅にそっと置いておいてくれませんか。

このようなメッセージを書いている私自身も、自分の価値を疑って根本的な欠陥があるのではないかと自分をずーっと点検し、何かに怯えていました。

「お前は駄目だ」と、ただ拒絶されることは、何よりも辛いことです。

だから、「何故？　どうして？」と、その言葉の原因を突き止め、評価を覆したくなってしまいます。

ですが、私を傷つけた「その人」にこそ、影がまとわりついていただけなのだと長い時間をかけて理解しました。

もしも共感してくださるのなら、あなたも誰かに心の影を投影されてしまったのかもしれません。

その亡霊を自責の念で再現することは自分をただ傷つける行為です。

私は世界でたった一人の存在である、という事実をもとに、少しでも自分を誇りに思えたら。

今まで出会ってくれた人、関わってくれた人、食べてきたもの、身にまとったもの、暮らした街。それら全ても特別になります。

私は素敵。あなたも素敵。

この世界の全てが素敵。

あなたに与えられた全てを
あなた自身が
最高級にしていきましょう

ネガティブな感情や出来事はあなたを否定するものじゃない

「ネガティブな感情や出来事は、あなたを否定するものじゃない」タイトルではこう言っていますが、ここでお伝えしたいことは、ネガティブな感情や出来事を前向きに捉えていこうということではありません。

誰もが痛みや苦しみを経験します。

何かを辞めたい、リタイアしたいと思う時、自分の心の叫びを「そんな風に思ってはいけない」と押さえつけてはいないでしょうか。

本当に辛く、悲しい気持ちは誤魔化さないほうが良いものです。自分自身に虚勢を張る必要はどこにもありません。

心と頭の中は、誰にも侵されない自由な場所。

あなたの内面世界は、最もあなたらしくいられる場所であるはずです。何かを「素敵だ」と感じるように、何かを「嫌いだ」と感じることも、大切な個性の表れだと思います。

好き嫌いなく何でも食べられるように、どんな人とでも器用に付き合えて、なんでもそつなくこなせたほうが、確かに苦労は少ないのかも。

ですがそこには、個性を活かして支え合うことや、自由な発想からアイディアが生まれて、思わぬ発展を遂げるといったドラマが生まれることはありません。

そして何よりも喜びがなく、発展と進歩も存在しません。

均一で効率的な仕事ぶりなら、いっそ機械やＡＩに任せたほうが良いのではないでしょうか。

私たちには、心があります。

同じことを続けていると飽きてしまったり、同じことを何度も言われると受け取り方が違ってくるなど、感覚と感情は時間の経過とともに変質します。

人生の中で、何かを嫌いだと感じたり、やりたくないと明確に思った時には、あなたの心の成長がそこに表れています。

はっきりとした自我がなければ、拒絶は出来ないものだからです。

また、思い返して苦しくなってしまうような出来事には、あなたがさらに強くなれる余地と、素敵になっていける可能性が秘められています。

勝手に評価を下されて、落伍者のレッテルを貼られたとしても、あなたはただあなたです。

あなたの失敗を喜ぶ人たちの声に耳を貸す必要は全くもってありません。

この世の中には、色んな段階の苦しみがあることを私たちは知っています。

感覚を麻痺させてしまうようなぬるま湯的な苦しみから、壮絶な痛みを伴うものまで。文章に込められないほどの絶望は、フィクションではなく、現実の中に確かに存在しています。

しかし、その経験や感想を口にすれば、痛みや苦しみの大小を勝手に比較されたり、どう思ったかではなく、事実に基づかない憶測を立てられてしまうことがあります。

こちらの感情や性格を決めつけて、心ない言葉を吐かれてしまうかもしれません。そういった無理解な対応や反応が、辛い経験をした人の傷をさらに深くえぐってしまうことがあります。

SNSでの誹謗中傷などがそれにとてもよく当てはまります。

心ない言葉が気軽に飛び交う世界は、異常です。

しかし、母親の無理解や、教師の無理解、または友人からの遠慮のないコメントなど、日常の中に起きる人間関係の摩擦のほとんどは、こういったことが原因なのではないでしょうか。

出来事に対して周囲の反応で傷つくことは弱さではないし、おかしなことではありません。

小さなことでも心は大きく傷つきます。

そんな経験をする度に私たちは、幻想や他者に対する期待など、甘えのようなものを手放すことが可能です。

そして、その空いたスペースに新たな価値観を迎え入れ、常に進化していけるのでしょう。

過去や現在、そして未来に、もしもあなたの身に何かショックな出来事が降りかかったとしたら、自分自身を責めたり罰したりしないでください。

ネガティブな感情や出来事は、あなたを否定するものではありません。

また何かを試されるようなことでもないのだと思います。

辛いことは辛いと受け止めていきましょう。

「弱さ」は受け入れた瞬間に、真の強さへと姿を変えます。


星は動き続けます。

幸せとか不幸とかの言葉では表現出来ないようなことが、私たちの日常には目一杯降り注いでいます。

人生にゴールはありません。どんなに最低な過去と同じ季節が巡ってきたとしても、そこに咲く花は去年とは違う花。

あなたの大いなる物語を前にしては、どんな出来事も、あなたが前へ進むための通過点にすぎません。

最低な時代は、最高の時間を作り上げる重要な土台

正しい言葉に囚われた人たちへの星読みの処方箋

私は子どもの頃、やりたくないことを無理にやらされるのがとても疑問でした。「みんなと仲良くしなさい」と親から言われても、どうしても関わりたくない乱暴な同級生がいたのです。

また、みんなの人気者で先生に好かれているあの子が、意地悪な一面を持っていることを知りながら、大人たちがそれを見過ごしているのも不思議でした。「困っている人を助けなさい」と道徳の時間で教わっても、気が弱くて困っている同級生には、大人たちは「自分で何とかしなさい」と言うだけで手を差し伸べようとしていないように見えて、子どもながらに違和感を覚えていたのです。

人として美しくいなさい。そして強くなりなさい。

謙虚さを忘れずに人をよく助けなさい。

これらは全て、正しい言葉なのだと思います。正しいからこそ、強くて無骨で矛盾しています。

私が占い師として鑑定をしている中で、これらの正しい言葉に縛られている人を何人も見てきました。

一つ告白をしますと、特定の特徴を持つ人たちには、占いに来ていただいた理由にかかわらず、同じ言葉を伝えます。

それは風邪の処方箋みたいなもので、ご相談者の年齢や考え方、その時の精神的な状態において、様々な組み合わせがあるものです。

基本的に鑑定は、ご相談者に寄り添ったものでないといけないと考えているのですが、根本的に同じ価値観のしこりがあれば、お伝えするべき言葉は、自然と同じものになってしまうのです。

そのうちのいくつかを例としてあげると「迷惑をかけてはいけないと思いすぎて、誰も手を付けられないくらい、悩みを深くしているのかもしれないよ」という言葉と「謙虚であろうとしすぎて、卑屈になりすぎていますよ」ということです。

「良い子」でいようとするあまり、自分を表現することが難しくなっている方は、大勢いらっしゃるように思います。

男性性が強い方の場合は、少しだけ文脈が異なり、「悩みを話すことは弱さを見せてしまうことだと思っている」ことがあり、自分が多少辛くとも、「皆こんなものだろう」と、心の痛みに鈍感になってしまって、常に虚勢を張っているような方が多いイメージがあります。

これはもしかしたら「強い人物」でいなければならないと思ってしまっているのかもしれません。

女性性が強い方の場合は、どんな言葉も受け入れようとするので、大人しい印象や、自信のない印象を周囲に与えているような気がします。

リアクションが控えめなことが多いので、大きなストレスを受けていても、それに気がついてもらえず、結果として被害者的なポジションになってしまいやすいようです。

両者とも、人の話を否定する意識はないのに相手の言葉を遮ったり、こちらの話に賛同をしてもあくまで自分自身の発言に盛り込む形に整え直す傾向があります。

その結果、意思と意見があるように見えて、自力で解決策を見つけたような話の終わり方をしやすい傾向があります。場合によっては、相談相手を怒らせるような態度を取っていても、それに気がついていないことが多い印象です。

この両者に共通しているのは、自分自身は愛される存在ではないと、心の奥底で確信してしまっていること。

言い換えれば、「自分の愛し方を知らない人たち」です。

そうして、本人たちの思う愛される人物を演じることで、成長しようともがき、自分自身を愛そうと努力しています。

そのため、恋人に尽くしすぎてしまったり、お相手に嫌われることが怖くて踏み込めなかったり、一方的で都合よくなってしまうことがあります。

その様子から「愛され下手の与え上手さん」と私は形容することがありますが、私は精神科医ではないので、診断したりは致しません。この心の状態に名前をつけようとするのならば、精神医学や心理学などでは「愛着障害」や「自己愛性パーソナリティ障害」と呼ばれているようです。

しかし、程度の差はあれど、皆の心はそれぞれ独創的だから、いびつなこともあるはずです。その原因としては、家庭環境や周囲の考え方、また持って生まれた気質や体質など理由を付けようと思えば、無限に出てくるものだと思います。

そもそも完全無欠な人は存在しません。

とんちのようになってしまいますが、欠点がないことが欠点となってしまうからです。またどんな長所も行きすぎれば欠点になります。欠点も、バランス次第では長所と呼べるようになるはずなのです。

正しい言葉というのは、正しいだけで、「私たちの役に立つのか？」というと、そうでもないことも、往々にしてあります。

私たちは「正しすぎる呪いの言葉」を、長い人生の中のどこかのタイミングで噛み砕き、どうにかして消化していくことが必要なのかもしれません。

正しく生きることよりも、
あなたらしい日々が
星を輝かせる

歳を重ねるだけで良い。焦らなくとも、何かの答えはいつか出てくる

正しく生きることに囚われた人たちは、そこから生まれた葛藤に苦しんでいるように見えます。

人に迷惑をかけないようにと自分を抑えすぎたり、周囲の期待に応えるために本心を隠してしまったりすることで、気づかぬうちに自らを傷つけている人が少なくありません。

それはまるで「良い子の型」に押し込められたような状態です。

ホロスコープ上で、星同士がとっている角度から影響を読み解く占星術の基本的な技法があります。

星たちが描く関係図はアスペクトと呼ばれ、正反対の１８０度の角度は、オポジション（opposition）と呼ばれています。

葛藤や困難を表すものとされていますが、あくまでそれは記号的なもので、オポジションの関係性になる星座は、気質の相性が良いものだと決まっています。

お互いを盛り立てるのに、向かいたい先が異なるため、意識が分裂するような葛藤が生まれてしまうのだと考えられています。

葛藤というと、悪いことのように感じますが、意識次第では有効に活用が出来るものです。

たとえば、読書好きな受験生が、勉強が終わったら1時間だけ読書をするというルールを作ったり、ゲーム好きな学生が「この問題集を終わらせないとゲームは出来ない」と自分を奮い立たせたりすることで、勉強の効率を上げていくことにつなげていけます。

また、大きなプロジェクトでやる気を失いそうな時に、この仕事が一区切りついたら旅行に行こうと、楽しみな予定を考えることで、自らのやる気を引き出すことも出来るでしょう。

矛盾を取り入れるには、シンプルな「努力」が必要です。その努力を継続させるには、体力や忍耐も必要になってきます。

この矛盾した2つの想いと向き合うことは、本人の体力と忍耐力を鍛えるきっかけになるでしょう。

それと同時に、矛盾や葛藤を受け入れることは、自分自身を深く知ることにもつながります。

どんなに痛みを伴うものであっても、それらと向き合うことで得られる洞察は、自分自身をより理解し、人生をより良い方向へと導く助けとなるはずです。

そして、心を鍛え、レベルアップしていくことに繋がっていきます。

世界がよく見えてくればくるほど、努力こそが自らの人生を上向かせてくれるものだと骨身に沁みてわかってくるものです。

大人になってからの方が勉強はやたら楽しいと感じるのは私だけではないはず。

私が子どもの頃に飲み込めなかった様々なことは、人によっては大人たちから与えられた「良い子の型」のようなものでした。

また大人たち無意識のうちに期待している「人」としての理想像なのだと思いま

す。

大人たちが求める「良い子」の型にはまることは、自分らしさを見失う罠のようなもの。

しかし、道徳的に正しい人物であろうとする姿勢は、自分を生きる上で大切な指針となります。

また誰かが誰かに感謝したり、心のそこから感動することが出来るような瞬間は、今この瞬間にも、世界中のあらゆるところで起きています。

それは、過去に教えてもらった言葉や行動が感覚として心に根づいているからこそ、理解したり共感したりすることが出来るのだと思います。

経験の積み重ねや単なる思い込みかもしれませんが、ふとした瞬間に愛や幸福を私自身が確実に感じたことがあります。

親が子に伝えたくなるような、そして先人たちから受け継がれてきたものには、普遍的な真理が宿り、失われることはありません。

私たちの内面に刻まれるその感覚は、人生の中にある揺るぎない支えとなり、ホロスコープの柱として、真っ直ぐな線が引かれることでしょう。

そしてその線が、私たちが持つ矛盾や葛藤を照らし出し、それを受け入れることで得られる成長があると思うのです。

私は、生きていれば全てが何とかなると信じています。

人間の営みの中に、心を養うものがあるからこそ、歳を重ねていけばそのうちに、悟りへと近づいていけるようになるはず。

そう信じることが、私にとっての「努力」の正体なのかもしれません。

生きる意味や理由を問うことを手放すと、より良く生きていける

Part ★. 2

運命は
あるかの
問いに

向かい合う人は鏡のようでそうではない

「人は鏡」という言葉があります。

私は、この言葉を疑ってはいませんが、信じすぎてもいけない考え方だと思っています。

こちらが相手に抱いた感情が、歪みなく相手に伝わり、同じような気持ちとして返ってきてくれたら。本当に相手が鏡だった場合、素直にスムーズに恋や応援することが出来るのかもしれません。

そうだったらどんなに良かったことでしょうか。


人間模様は本当に複雑です。

たとえどんなに相性の良い相手だとしても、真正面から向き合うことで、相容れない部分もきっと出てきます。

己の我を通せないと感じれば、お互いを敵視してしまうこともあるでしょう。

ですが、お互いがお互いを思いやり、意見をすり合わせていくことで絆を強くすることが出来るようにもなるのです。


パートナーのことを、自分とは異なる部分も含めて丸ごと愛することが出来れば、世界は豊かに広がり、新たな可能性が見えてくるはず。


あなたに特別な人がいるように、興味のない人や、一緒にいて楽しい人、驚きを与えてくれる人など様々な印象の人がいると思います。

あなたにとって最高の人は、周囲にとっては普通の人かもしれません。

また、あなたが自分を普通だと思っていても、あなたのことを宝物だと心から思ってくれる人もいます。


自分の中にあるお相手への愛を感じるだけではなくて自分に向けられた愛情に気がつくことも、人間関係において幸福を増やしていくためには大切なことです。

その一方で、思わず抱いた感情がお互いの関係性にとって、相応しくない場合もあるかもしれません。

その場合、たとえ相性が良くても誤解を生んでしまったり、ご縁が薄れてしまう危険性があります。

それだけ「感情」というものの力は絶大で、心と運命を左右するものなのです。

星占いでは、牡羊座・獅子座・射手座が火のエレメント、牡牛座・乙女座・山羊座が土のエレメント、双子座・天秤座・水瓶座が風のエレメント、蟹座・蠍座・魚座が水のエレメントとされ、同じグループの星座は相性が良いとされています。

この法則をもとに誕生日から分かる太陽星座だけではなく、月星座や水星星座など数多くの天体を見て相性を診断するのですが、その際に使用す

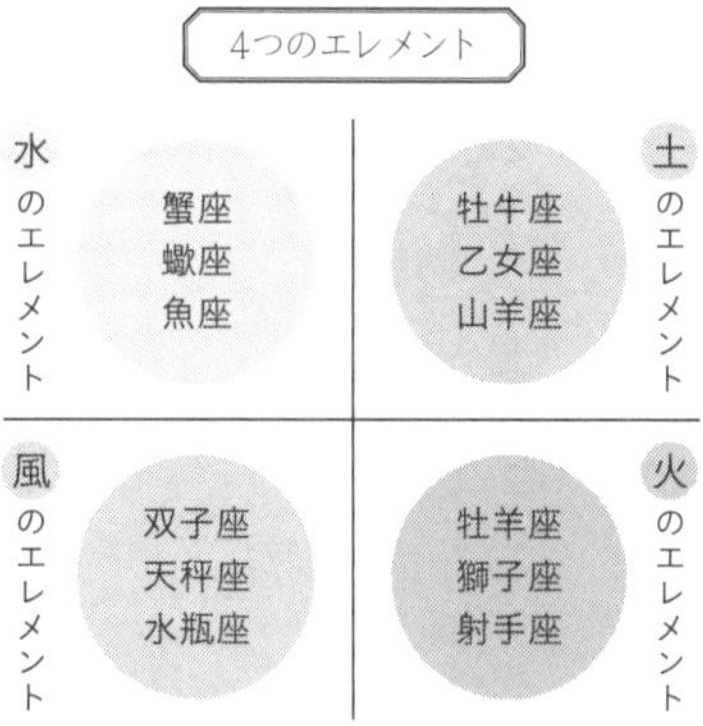

るお互いのホロスコープを重ねた図は、相性図、またはシナストリー（synastry）と呼ばれています。

シナストリー（synastry）は、古代ギリシャ語に由来を持つ単語です。直訳すると「ともにある星」となります。

10個の天体が織りなす、自分と相手の性質をともに合わせて眺めていく。すると様々なドラマが浮かび上がり、そこにはただの偶然とは思えないようなサインが織り込まれているものです。人と人のご縁の複雑さには、鑑定の度によく舌を巻いて

シナストリーは
相性を見る時に使います

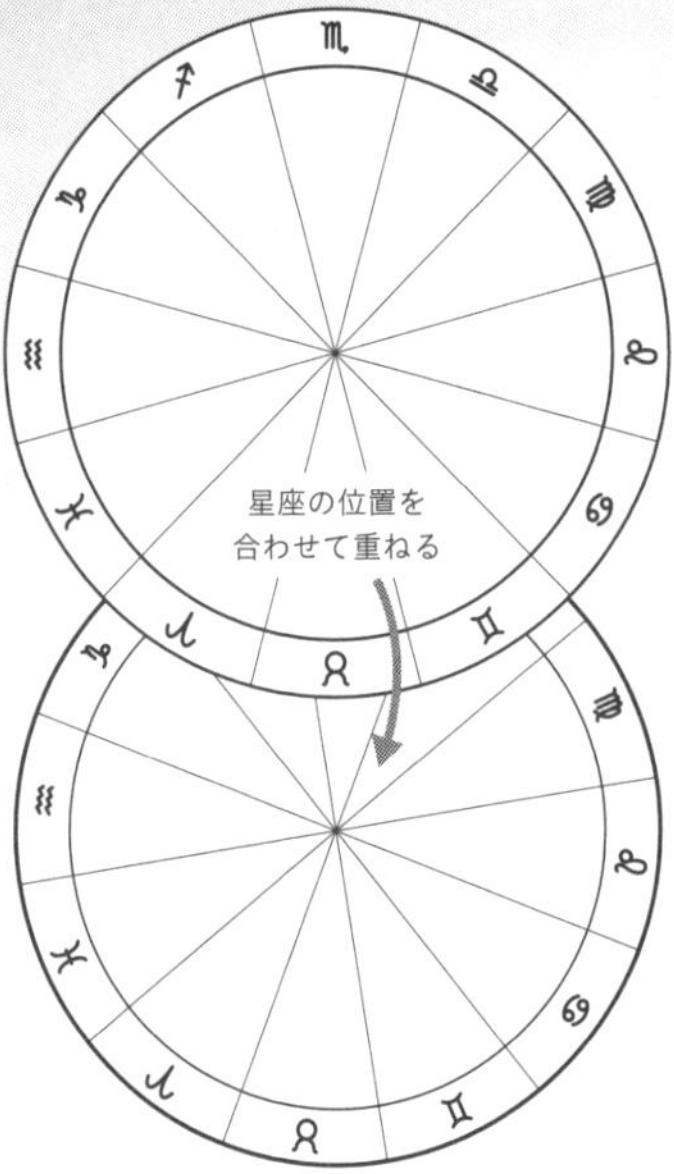

おります。

占星術の考え方では1ハウスの始まりをアセンダント、7ハウスの始まりはディセンダントと呼び分けられています。向かい合うこの2つは、「私」と「あなた」をそれぞれ表しており、特にディセンダントは、パートナーや深く向き合う可能性のある星座サイン、または特色を表しています。

人の想いは複雑です。

悪意があるとかないとか、そんな意識もないままに、自分の欲望を満たそうとして、人は行動を起こします。

誰かに傷つけられて恨んでしまったとしても、向こうに悪気がなかったと言われてしまえば、あなたが過剰に反応しただけで、被害を受けた側が加害者にされてしまうことも、悲しいけれど実際にあります。

状況が悪かった、相性が良くなかった。と悲しい気持ちを言葉に託す裏側には、冷たい諦めが漂っています。

向かい合う180度の角度はオポジションと呼ばれ、葛藤を表す角度です。

また、矛盾を取り入れることは、シンプルな「努力」だと前述いたしました。

他人のことは変えられない、とよく言いますね。

誰かを変えようと思う根底には支配があり、相手の自尊心を踏みにじることになりかねません。


また、他人に依存しすぎてもいけません。

依存はあなた自身の自尊心を手放し、その人に縋《すが》る行為です。どんなに理屈を捏《こ》ねて取り繕っても、相手の存在を利用する色が忍び込んでいます。


親や兄弟、姉妹など、あなたの人生にどうしても関わってくる人たちと、生まれつき相性が良い確証はどこにもありません。

ただ懸命に生きているだけで、私やあなたが誰かの敵として登場してしまうことだって、人生の中では往々にしてあることです。

私たちには分かり合えない相手が確かに存在しています。


自分の欲望だけでは動かずに、一番大切にしたい人が笑顔になってくれるかどうかを大切にする。

愛ゆえに別れを選び、そのまま結末を迎える美しい物語も沢山あります。

どんな相性の人たちと巡り合えるのかは、「運」というどうしようもない要素も含まれています。


あなたがその状況を、どうやって乗り越えていくのか。そのプロセスこそがあなたの可能性を広げていく過程の一つです。

偶然のような必然のドラマをあなたらしく進めていきましょう。


人は自分を映す鏡ではなくて、あなたに影響を反射するもっと複雑な存在です。

あなたに、心に映すべき相応しいご縁とより良い巡り合わせがありますよう、遠くから祈っています。

ポジティブな感情と
関係性から、大きな喜びを
受け取っていきましょう

あなたの世界を引き出す魔法の鍵

「自分のことを知りたい」と、自分の内面に興味を持った人が、星占いや占星術に魅了されるのだと思っています。なぜなら、私自身がその一人だからです。

子供の頃は、どこの学校に通っているのか、友人はいるのかどうか、どんなことを楽しいと感じるのか。さらに休日の過ごし方を話せば先生は大満足で、作文なら花丸がもらえました。

でも、それって、人の喜ばせ方をただ知っているだけ、そんな気がします。作文で花丸をもらえていたのは、多角的に自分を紹介していたからでしょう。

占い師として活動をしていると、就活生や婚活中の方が鑑定に来られます。占い結果を本当に面接やデートに使うのかは分かりませんが、自分を知ってアピールポイントを増やしたいという明確な目的を持って訪れているので、占い師としてその期待に応えたいという気持ちで鑑定をします。

しかし、求めていることの根源はそこではないのだと気がつきました。

就活や婚活は受験や試験とは違って、努力だけで良い結果を摑めるわけではありません。

運や相性といった自分ではどうすることも出来ない領域で、少しでも安心感が欲しいという気持ちなのだろうと思います。選び選ばれるような状況に、精神が疲れ果ててご相談に来ていらっしゃるのです。

私たちは、一面的な存在ではありません。期待されている自分を演じ続けてしまうと、とても疲れてしまいます。

占星術にはハウスと呼ばれている考え方があり、ホロスコープを12のセクションに分けて人生の様々な側面やテーマを象徴しています。

ハウスの象意は文化や時代背景によって多少の違いがある場合もありますが、基本的な枠組みは一貫しています。

生まれた瞬間のホロスコープは、全部の要素を使って「私」を表しています。

鑑定の際にもっとも重要視されるのは天体なのですが、生年月日に関係なく、皆が共通して持っているハウスと呼ばれる受け皿の部分も、実は12個の意味合いに分けられているのです。

ホロスコープ的に「私」を担っているのは1ハウス。そして、肩書きや社会的な評価という部分は10ハウスに相当しています。

あなたがお相手に与える印象を読み取るには、1ハウスの始まりを表すアセンダントと呼ばれる部分をチェックします。

たとえば、1ハウスにはその人の活力、つまり発しているエネルギーが現れているのです。

2ハウスは、所有のハウスと呼ばれており、あなたの持ちものや時間感覚、また財力なども担当します。

3ハウスは身近な人間関係を表し、あなたがプライベートをともに過ごす人たちについて、また仲良く出来る人たちのカラーを表しています。

9ハウスは行動を起こしてしまうほど、興味関心のあることや、行ってみたい場所が該当します。10ハウスは、これまでの実績や卒業した学校など、属している組織についてです。


各ハウスにそれぞれ自己紹介の項目となるものがあり、どの部分の話をするのが、最も効果的なのかを考える必要がありそうです。

何か目的がある場合には、冷静に自分を飾ることが必要です。手っ取り早く結果を出したいのであれば、自分探しをするのではなく、「傾向を知り、対策を練ること」に時間をかけるべきです。

プロフィール欄に徹底的に書き込むことは、作文を上手に書くことと同じで、自分をよく伝えるというよりも、「どう見せるべきか」を知っているということにしかならないのかもしれません。

良すぎたり悪すぎたりする

ハウス	読み取れること	自己紹介で使うなら
1 ハウス（ASC）	第一印象・キャラ・個性	私は　　　な人です
2 ハウス	価値観・お金・所有	私の大切なものは　　　です
3 ハウス	コミュニケーション・思考・言語	私は　　　について考え、話すのが好きです
4 ハウス（IC）	家・ルーツ・プライベート	私の心の拠り所は　　　です
5 ハウス	趣味・創造・恋愛	私は　　で楽しみます
6 ハウス	仕事・健康・ライフスタイル	私の習慣は　　です
7 ハウス（DSC）	パートナーシップ・対人関係	私の理想の相手は　　　です
8 ハウス	絆・秘密・変容	私は　　　に深く惹かれます
9 ハウス	哲学・海外・探求	私は　　　に心を広げます
10 ハウス（MC）	仕事・目標・使命	私の社会的な顔は　　　です
11 ハウス	友人・コミュニティ・未来	私の仲間は　　　な人たちです
12 ハウス	無意識・隠れた才能	私は　　な世界を持っています

印象は一人歩きを始めます。

あなたの評判が良ければ良いほど、ちょっとしたミスが目立ったり、意外がられたりしてしまいます。

周りからの評価と実際の自分がかけ離れている限り、私が過去に鑑定をした方々のように、心が参ってしまうでしょう。

私たちは、弱いからこそ思考し、発展させていけるのですが、賢いからこそ停滞させてしまうことがあります。周囲からの期待を裏切れず、嫌われてしまうリスクを取れずに、無知であることを恥ずかしいと思い込み、わかったフリをすることで、自らを愚鈍の檻に閉じ込めてしまいます。

あなたは誰かに笑顔でいるように強制されたつもりになってはいませんか？　あなたの魅力を発掘する前に、誰かの仮面を被せられてはいませんか？

自分自身と出会うために、誰かの正解を演じることをやめてみるのは、どうでしょうか。

そもそも、あなたは選ばれる側ではなく、選ぶ側でもあるはずです。

自分の全てを否定せず、心に一つ問いかけてみてください。

あなたは、自分のことが好きですか？　嫌いですか？

正解はありません。
ただ、その気持ちを大切に

運命についての考察。重なるからこそ見えない、新月のような出会い

星占いで自分を探したい人がいるのと同時に、鑑定に訪れる方のほとんどは、運命について聞きたい人が多かったりします。運命の人、運命の出会い、運命の仕事。そして、恋愛ではほとんどの人が、偶然の出会いを求めています。

運命とは何なのでしょうか。

辞書で引いてみたところ、「人間の意志にかかわりなく、身の上にめぐって来る『吉凶禍福《きっきょうかふく》』とありました。

偶然の出会いを期待するのは、まさにこの「運命」への期待の表れのような気がします。ロマンチックな感じがしますね。

また古代ギリシャの哲学者ヘラクレイトスは、「性格こそ人にとって運命である」という言葉を残しました。

そして、20世紀初頭に活躍し、現代占星術の父と呼ばれるアラン・レオも、「性格こそ運命なり」という標語を好んで使っています。

仮にストーリーを考えてみましょう。

突然の夕立に慌てたあなたが、偶然にあった軒下で雨宿りをしていると、タタタッと、誰かが駆け込んできて、同じく雨宿りをする状況に。知らない者同士、少し距離は置きつつも、あなたがついうっかり、落としたリップが相手の元まで転がり、彼が拾い上げ、そこから二人の会話がスタート。不思議と意気投合して連絡先を交換。

こんなドラマチックな展開は中々ないかもしれませんが、こんな馴れそめを聞いたら、そこが運命の出会いだったんだ、と誰もが思うのではないでしょうか。

まず、雨宿りという状況は、人間の意志にかかわりなく、身の上にめぐって来た運命のように感じます。どちらか一方だけでも人見知りで警戒心の強いタイプだったら、意気投合することは難しかったでしょう。

また、どちらかが折り畳み傘を常に持ち歩く、用意周到な人物だったら、雨宿りする状況は起こりません。それに、話しかける第一声がどことなく軽々しかったら。リップを落とさなかったら。現実的には、その場では盛り上がったとしても、後から実際に連絡する人は正直なところ、かなり少数派な気もします。二人の性格や気分が嚙み合わなければ物語は進行していきません。

うん。たしかに「性格こそ運命なり」かもしれませんね。

ですが、ここでこうも思います。

だからこそ、性格がピッタリ合う人が運命の人で、出会うべくして出会う二人だからこそ、出会いは偶然な形でやってくるものなんじゃないだろうか？　占いに来て、出会いの時期を尋ねたくなる動機がここにあるような気がします。

まさしく、そうかもしれません。でも、そうじゃないかもしれません。

私自身は一生涯をともに出来るような「運命の人」と、生きていたら出会えるのかもしれない、というロマンスを信じたいと思っています。

ですが、いわゆる運命の出会いではなかったかもしれない過去の人たちとのことも、「未熟な私を成長させてくれた運命のご縁」であったはずです。お見合いやアプリを使って、「出会うための努力の末にあったご縁と経験」も、受け身な部分を見直す良い機会だったのかもしれません。

不思議なことに、人生の転換期には何らかの天体の働きかけがあり、またその役割を担っているような人物と出会っています。

自然と縁が遠くなってしまった不思議なご縁も、なんとなく縁が切れてしまった惜しいご縁も、こちらから縁を切ってしまった沈鬱なご縁も、お互いに何らかの影響を及ぼし合い、お互いの人生を彩り、何かを積み重ねていきます。出会っている間はお互いが重なって、その意味は見えません。

運命に興味を抱いて、星にご興味を持たれた方は、ぜひとも星の運行と今までの出会いを照らし合わせてみてください。きっと驚きの符合を見つけ出せることでしょう。

世界は時間とともにあります。

物事は同時に進行し、決して巻き戻ることはありません。皆それぞれに歴史があり、過去の出来事からいくつかのトラウマを胸に抱えています。

なぜそうなったのかという経緯を忘れたとしても、くすぶり続ける不快な感覚は、現在の生き方に影を落とすものです。


自分を知ることの大きな目的の一つに「過去が現在にどのように影響しているのか」をクリアにすることがあります。

なぜなら、自分の考え方の癖を客観的に紐解いていけば、思い込みという自分が自分にかけていた呪いを解き、過去の雪辱を果たすことにつながるからです。考え方が変われば、違った世界の捉え方になり、性格と生き方も変わっていくはず。


私は人間の成長過程は螺旋階段のようなものだとイメージしています。自分という軸が真ん中に据えられながら、年齢や環境や出会いにより、海が月の引力で満ち引きするように、色んなことを考えて、不安になったり悩んだりしているのではないかと思うのです。

人は見たいようにしか物事を判断しませんし、自覚したことでないと、何を言われてもピンと来ない生きものだと確信しています。

どんなに口すっぱく教えられても、自分の中で、考え、何かを思い、理解していく段階が必要です。

私たちは、赤ちゃんの頃から何かを嗅いで、聞いて、見て、触れて、話して、理解しています。そういった段階を経ていくことで、他の何者でもない、自分自身へと成長しています。

あんなに悩んでいたのに、と思ってしまうような、人生の中での足踏み期は、低い段差が沢山設定されていて、目線がゆっくりと高

くなっていく時期なのだろうと思います。

一瞬一瞬はあっという間に過ぎ去りながらも、あなたが上っていく階段として確実に積み重なり、漠然とした不安の答えは後から遅れてやってきます。

私たちはただ生まれてきますが、人生の中で作り上げた見方で世界を捉え、出来事に対してどのように反応していくのかという細やかな分岐点で、運命は作られていくのではないでしょうか。

「どこに行くのか」は誰と出会うことになるのかを知らないままに選択しています。それでも人は天体なので、出会うべくして様々な人たちと出会えているはずです。自立をして自分の環境を選択出来るようになってからが、あなたの人生の本当の始まりなのかもしれません。

運命に興味を持つということは、自分の人生に関心があるということ。

そして、生きることに関心の強い人にこそ、あなた自身で運命は作られているのだという事実が刺さると思います。

あなたの人生に預言者は必要ない
より良く生きる
あなただけがあればよい

あなたが変われば、世界は変わる。これは綺麗事ではなく

どんな世界にしていきますか？

ここでお話しする世界とは、あなたの受け取り方と解釈そのものを示すものです。あなたが見ている「世界」は情報となり、心はそれに反応して、感情が湧き起こります。

私たちの気分や言葉、行動などの表現は何者かに強制されていない限り、自分の心が生み出した感情と気分へのリアクションです。

曇り空をどう表現するのかは、その日の気分で「憂鬱」にも「過ごしやすい」という印象にも変化していくことでしょう。

「今日は雨が降るのかな？」という懸念へとつなげて、傘を持っていくかもしれ

ません。

あなたが朗らかでいられる世界なら明るく楽しい日常になり、警戒し疑っていれば、自然と表情は硬くなります。あなたが世界を美しいと感じられたのなら、世界は美しく、あなたの心は美しく希望の光で照らされているはずです。

他者があなたへの印象を0から抱くだけでなく、あなたが抱いた印象と解釈は色となり、それが下地として塗られています。

あなたが周囲に対してどんなテンションで接しているのかが、今後の展開を左右していくことすらあります。

あなたがシリアスなのかご機嫌なのかが、あなたの物語のトーンを決定していくのです。

基本的に生きものは、自分自身を守るために自分を優先するように出来ています。余裕を持って楽に生き延びられるように、自然と自分にとって有利で楽な行動を選びます。

月の年齢域について前述しましたが、その人にとって楽な行動とは、0〜7歳の頃の幼い感覚です。その欲求に人生を明け渡してしまうと、今まで培ってきた経験を活かすのではなく、ただ強いものに従い、状況に甘え人を利用し、せっかく出来たご縁を消費するようなことを繰り返していきがちです。

あなた自身がどうありたいのかが重要です。

私たち個人がそれぞれに見ている世界は、一般的で平均的な世間とはきっとズレています。

インターネットの発展とともに、様々な認識の差とズレは、あらゆる形で表現され、時には叫びとなるものです。

そんな世界の中で、自分自身の「理想の姿」を思い描くことは、己をコントロールしていく手綱になります。

あなたの中にある理想や哲学を少しだけでも考えてみてください。悩んでしまった時は、それを取り出し、大切な部分を磨いていきましょう。

それは、道を切り開いていくための強い主張となり指針になります。


どうありたいのかが見えない場合には、意識について見直していきましょう。

意識とは自分自身の精神状態に対する直感のことです。

私たちの心は、日々生まれ変わっています。経験は記憶に変換されて、感情の大半は必要に合わせて形を変えながら、整理されてしまうもの。

どうでも良いこととされ、忘れてしまったり、心が移ろうのは自然な成り行き。「自分自身」とは、その日々の流れの中でブレないものと変化していくものの両方を内包しています。だからこそ意識しにくい部分があるのではないでしょうか。見直すべきは、あなたの道徳や価値観といったものであり、無意識の中にある願望そのもの。

自覚する機会はあまりなく、言葉になりにくいものです。ですがきっと、あなたの人生の悩みを簡略化してくれるものでもあるはずです。

あなた自身が自分としている美しい約束かもしれません。

ご参考までに、私自身がどんな世界でどう在りたいのか？　ということをお話しさせていただきます。

私は、なるべく人の善い部分を見ていきたいと考えています。

誰にでも長所や短所はある中で、気に食わないと感じる一面にだけ焦点を当ててしまうのは、その人とのご縁の可能性を潰してしまっているように感じてしまうからです。

そして、他人を犠牲にしてまで、自分だけが得をするような行動は取らないと決めています。

そこには、「私にも、人にも、偏りがある」という自分なりの達観と、特に仕事においては、本気の人しか求めないという意識が根底にあるように思います。

具体的には、皆で何かをする時には、持っているスキルを惜しまず、提案をする姿勢を示していくということです。

その姿勢を示した時に、ただ調子を合わせるだけで、こちらに丸投げだったり、後から勝手に改変してきたりするような人たちとは縁を切ります。

そのように心掛けていなければ、人任せに出来る場面は沢山ありました。

また、都合よく利用されそうなこともありました。

しかし、私が協力的な姿勢を示すことで、次のお仕事や人のご縁はつながりましたし、やり甲斐搾取的だったり、こちらをコマとして使う意図のある人たちとのご縁は切って来られたように思います。

生まれ持った星の配置図は変わりません。

しかし惑星の運行は止まらず、星の配置と関係性は変化し続けています。

ホロスコープを通じて、生まれ持った性格や運命の流れを見ることが出来たとしても、未来を明確に描写することは出来ません。

どのように生きていくのかであなたの意識は変容し、想像もしなかった展開を繰り広げていきます。期限は有限であっても意識の成長は無限大です。

私たちの未来はやる気と覚悟で、上向きにも下向きにも突き進み、堕落はいつでもお手軽に出来てしまいます。

刺激の少ない平和な毎日だったとしても、前向きな心のハリがなければ色褪せてしまい、退屈なはず。

どうありたいのか？　を実現するために大切なのは勇気のみです。

誰に何と言われようとも、あなたがやりたいと思ったのなら、その希望こそが才能であり、行動可能なタイミングこそが運命です。

どんなに悪い星の回りであっても、風向きが変わり、追い風を受けられる時は必ずやってきます。

自分自身が変化を実感出来た時、その成長が周囲に及ぼす影響は、想像以上に大きいものです。しかし、自分を変えることは簡単ではありません。

もっと良くなりたいと願う一方で、私たちは自分の中に根づいた習慣や想いに縛られてしまいやすいからです。

向上心を持って日々を過ごしても、自分の成長というものは実感することが中々出来ないものなのではないでしょうか。

しかし、成長とは急ぎ足で進むものではなく、ある日ふと気がついたときに、確かに自分が変わっていることに気がつくものです。

中々変われないからこそ、個性を育てながら信念を貫き通し、結果として精神的な強さが養われていることもあります。成長を焦る必要はどこにもありません。

また現実的に何かの成果を出す必要もありません。

過去の自分と現在の自分を俯瞰して、冷静に比較することを心掛けてさえいればいい。それは意識と視野を高く広く保つということです。

認識と意識と行動は連動しています。

何をどのように受け取るかで心が変わり、行動が変化していく。

あなたの理想通りにこれらを扱うことが出来たのなら、世界そのものに自分の希望を反映させて、塗り替えていくことすら出来るのではないでしょうか。

行動は変化を呼び込みます。

あなたの小さな行動が、
この世界を
よりよくするきっかけと
なることもあるのです

Part ★ 2

人生と星の運行について

ライフステージは、年齢や社会的な役割、人生の出来事を基準として分けられていくもの。人生をより良く理解し、プランニングしていくためのフレームワークとしても知られています。

進学や就職先はどこにしよう。一人暮らしのタイミングはいつにしよう。何歳までに結婚したい…、これからのイベントにワクワクしながら人生を設計することが出来る便利な考え方です。

占星術でも、そういった人生が切り替わる星の運行のポイントがいくつか存在します。

まずは、27歳から30歳の間に起こるサターンリターン、土星回帰とも呼ばれ、ここは人生の転換期です。思い切った転職や結婚のタイミングになりやすい時期と言われています。

少し専門的ですが、ノーダル（ドラゴンヘッド）リターンと呼ばれるノード回帰は、19歳から20歳頃に起きるとされ、個人の内的な成長を助けてくれるものです。

また、惑星の年齢域という考え方を取り入れれば、26歳から27歳の間も、金星から太陽に切り替わる、隠された大きな節目となるのです。

星は粛々と運行をしていくので、また38、39歳頃に2回目のノーダルリターンがやってきて、58歳頃に2回目のサターンリターンもやってきます。

これは人類が生まれてからずっと観測されているサイクルです。

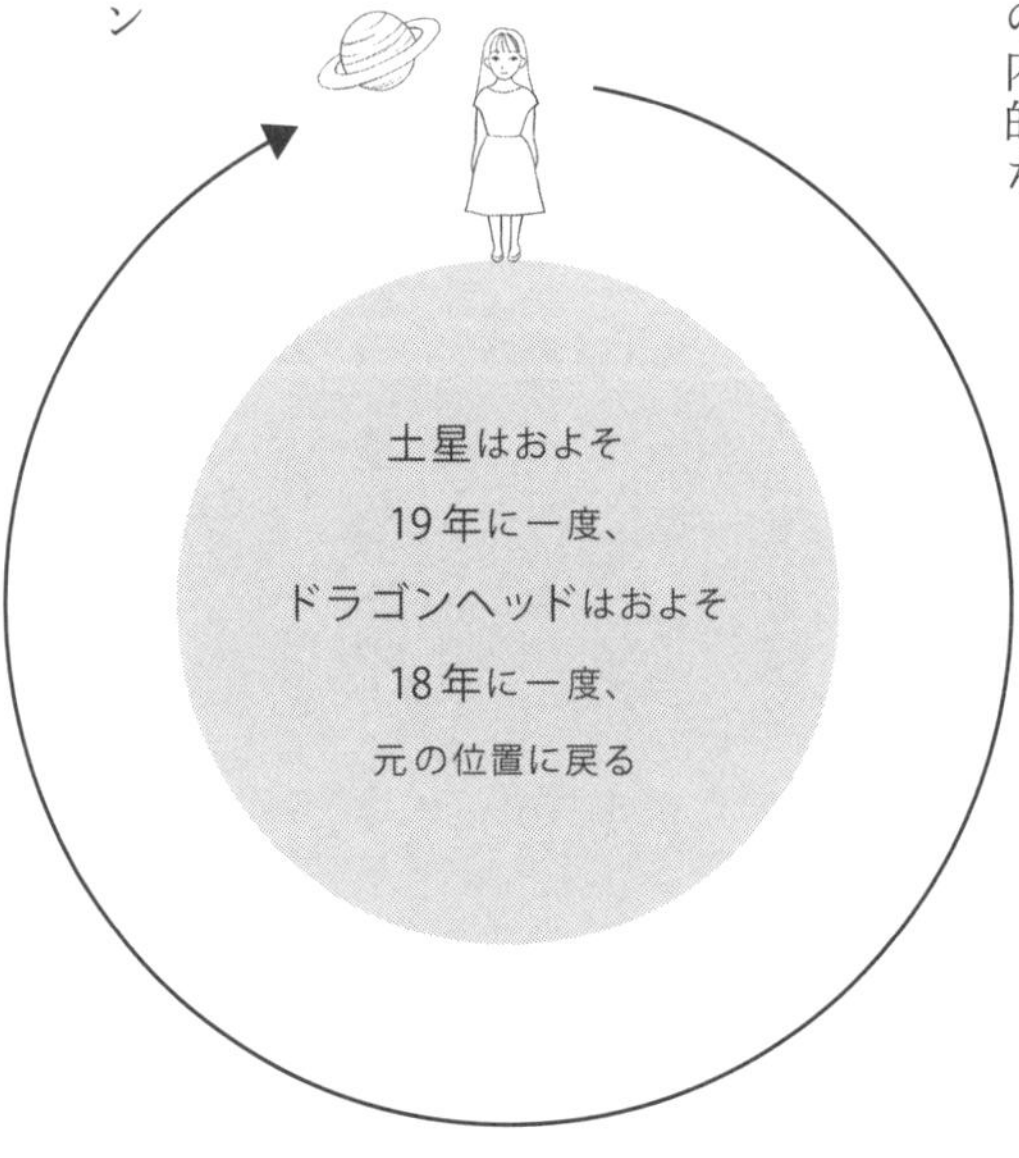
土星はおよそ
19年に一度、
ドラゴンヘッドはおよそ
18年に一度、
元の位置に戻る

私たちの伸び代は、まだまだあるということなのかもしれません。

さらに、星たちは逆行と呼ばれる動きを挟みながら動いていきますので、同じ星でも、毎年まったく違う進み方をします。

なので、人によってばらつきはあるのですが、30代後半から50歳くらいまで、占星術的に「ミッドライフ・クライシス」と呼ばれる天体との関わりが生まれます。日本語では「中年の危機」と訳されるこの星の配置は、その人のさらなる価値観の刷新や、目を向けていなかった人生の可能性を示唆するものです。

このような複合的な星の動きによって、占星術における人生の転換期を見出すわけですが、私の研究では、星のタイミングはたしかに人生と符合しています。

たとえば、ある人はサターンリターンの時期に思い切った転職をし、またある人は海外へワーキングホリデーに行ったりしていました。

ノーダルリターンの起こる19歳から20歳の時期は、恋愛で悩んだり、その恋愛をきっかけに精神的に大きな成長をしたという人が多いように思います。

また、両親の離婚などで当たり前だと思っていた基盤がなくなり、自分自身も大きく変化せざるを得ない、そんな出来事に見舞われたというケースとも多く出会いました。

また、金星から切り替わる26歳頃の時期でいうと、２０２０年の統計で、結婚した女性の年齢の調査結果があり、26歳が最多だったそうです。

金星から太陽に年齢域が移行するこの時期は、受け身な自分から能動的な自分へとフェーズが変化することの確かな示唆です。

このデータから、自分自身の幸せを「家族を作るという形」で実現させた方が多いと捉えることが出来るのではないでしょうか。

しかし、このライフステージという考え方は人生設計を助けてくれるものですが、年齢で区切ることで人生を単純にしすぎてしまいます。単純であるということは、白か黒か、極端な考え方になってしまうもの。

世間の「当たり前」に自分の人生を照らし合わせるのは、豊かで自由な形のないものに無理やり洋服を着せるようなものです。

占星術的なライフステージの変化は、背が伸びるスピードや声変わりのタイミングが人によって違うように、ばらつきがあります。

「人間の成長過程は螺旋階段のようなもの」と前述しましたが、この螺旋階段を早く上っていきたいのなら、螺旋の中心軸から離れずに登っていくことが最短ルートです。

しかし、軸から離れれば離れるほど、角度で変わっていく外の風景を楽しみながら歩くことが出来ます。

また、軸だけを眺めていると、外の変化に気がつけず、以前と同じ風景が季節によって美しく彩られていることにも気がつけません。

ですが、軸から離れていけばいくほど、螺旋の直径は大きくなり、上る階段の段数が増えてしまいます。

明確な正解を求めて、数字を追いかけていくことは、自分の軸から目を離し、現実ではなく幻の風景を追いかけて、足を踏み外してしまうようなものです。


誰かの地位や成功を羨ましいと感じることがあれば、その感情をそのままにしてはいけません。

その気持ちはいつしか、あなたの中で嫉妬や妬みとなり、自分自身はそのままで、相手の悪いところに視点を集中させ、自分の胸の中にある不快感を正当化しようとし始めます。

そんな時は、自分の胸に手を当てて、現状に不満はあるのか、自分自身の望みを自分に尋ねてみるしかありません。

羨望は、なりたい自分像を浮き彫りにする、あなたにとって有益なもの。


また誰かに憧れて飛び込んだ世界だとしても、実際に見たり感じたり出来るのはあなただけです。

憧れた世界が理想と違ったとしても結果は重要ではなくて、挑戦出来たことや、その過程で感じたこと自体が得がたい宝物だったりします。

その経験をしたからこそ、迷いのない足取りで次へと進んでいけるはずです。


社会が作り上げたロールモデルは理想の平均値にすぎません。

失敗を恐れず、本気の挑戦をすることでしか、あなたの内側から湧き出す希望や理想というものを感じることは出来ないのです。

人々は、それぞれ異なるホロスコープを持っていることと同様に、心の形もそれぞれ異なります。


どんなことで幸せを感じるのかも、人それぞれに形が異なるはずなのです。

皆それぞれが特別な存在。

型にハマろうとすることは、自分の特別さを消そうとする行動です。

世の中に溢れる成功体験やあおり文句に踊らされて、人生の主導権を手放さないようにしていきましょう。

自分の歩調とリズムで歩くことが出来たのなら、ライフステージに乗らなくても、人生の喜びと豊かさを十分に受け取ることが出来そうです。

年齢や世間一般のタイミングとは異なる、星々のタイミングがあると知ってください。

あなたのお悩みのいくつかは、悩まなくてもよいものなんだと気がつけるはず。

人生という制限の中
だからこそ
自由にあなただけの軌跡を
描いていこう

「人生の周期は回っている」幸運期を木星から知る

人生にはリズムがあります。

それは社会が作った学校や会社内での出世、または親との関わり方の変化といった避けがたい転換期とはまた違う、自分自身の選択によって生み出されていく心地の良いものです。

ここでは、占星術を使って1年間のテーマを読み込んでいく手法を簡単にご説明いたします。


星占いを使って運勢を読んでいく時は、星の規則正しい運行のサイクルと変則的な動きを読み合わせて、12星座別に書いています。

1日の運勢は月の運行を、また1か月の運勢は太陽の運行を、そして1年間の運勢を読む時は木星の配置を重要視します。

この木星が意味するものは「拡大と発展」です。

仕事を頑張っていたら収入が増えたり、勉強していたらその分野での理解が深くなったり、何かに働きかけていたら効果が出て発展していくといったことが期待出来ます。

何だかとっても、ありがたい天体ですよね。

私自身も、７ハウスに木星が入ったことで、契約先が増えたり、ＳＮＳでの活動をしていくことで、書籍の執筆依頼をいただくことが出来ました。

木星は「ラッキースター」と表現されることもある天体です。


ただ、木星には一点だけ注意点があります。

木星はラッキースターですが、幸運を運んできてくれるわけではありません。取り込んだことを拡大させ、そして発展させていくのです。

ですので、購入していない宝くじが当たることがないように、積み重ねていない事柄は繁栄することはありません。

むしろ、頑なに何かを拒んでいれば、頑なさが強化されてチャンスを失ってしまうこともあり得ます。

欲しいものは欲しいという姿勢や、自分自身に嘘をつかないことが木星のラッキーを上手に受け取っていくコツとなるでしょう。

さらに、その人によって当然のように努力を出来ている事柄が、木星が入っているハウスと関わりが深ければ深いほど、スムーズに展開しやすいとも考えられています。

そんな木星ですが、木星はおよそ1年をかけて、一つの星座サインを渡り切ります。そのことから木星は、1年間のテーマを考える時にとても重要な天体として重宝されているのです。

私たちの暦は星たちにとって、窮屈なもの。

２０２３年は、5月17日に木星が移動し、２０２４年には、5月26日に次の星座サインへと渡っていきました。

その結果、上半期と下半期でかなり流れが違う数年だと、どこの占いでも書かれているはずです。

私たちは日常の中で様々な経験をして肉体的にも精神的にも成熟していきますが、星からの影響は個人によって様々。

肉体的な時間経過は同じでも、精神的な領域では確実に異なります。

人生のリズムもまた、人それぞれというわけなんです。

さて、ここからは少しだけ、専門的なお話になります。星座はいわば、星の番地です。牡羊座サインから始まり、魚座サインで終わります。

そして、2025年の6月10日に、木星は牡羊座から数えて、4番目の蟹座サインへと移動します。

これは、牡羊座の方にとっては、4ハウスの分野が開発されやすいと読むことが出来るものです。星座を円だと考えた時に、あなたの星座から反時計回りに数えた順番とハウスの意味を当てはめてみてください。

それが、あなたの2025年の下半期から来年の上半期までの1年間、有利にことを運びやすい分野になっています。

蟹座の方は、2025年に木星が12ハウスから1ハウスに移動することで、過去の自分を振り返り、構想を見直し、自分自身を新編成するようなタイミング。

獅子座の方は、2025年に木星が11ハウスから12ハウスに移動することで、憧れの存在や、大きな関わりから刺激を受けて、自分自身を見直していくような期間に突入するでしょう。

乙女座の方は、2025年に木星が10ハウスから11ハウスに移動することで、評価を上げたり周囲からの期待に応えるフェーズから、損得を抜きにした関わりと交流する機会を多く得ることでしょう。

天秤座の方は、2025年に木星が9ハウスから10ハウスに移動することで、前年の経験を活かし、組織内での地位を確固たるものにしていきやすいと予想が出来ます。

蠍座の方は、2025年に木星が8ハウスから9ハウスに移動することで、前年に得た気づきと洞察を活かして行動し、世界を広げていくことが出来るでしょう。

射手座の方は、2025年に木星が7ハウスから8ハウスに移動することで、様々なご縁と関係を深め、また見極めていく段階になっていきそうです。

山羊座の方は、2025年に木星が6ハウスから7ハウスに移動することで、ライフワークバランスを整えた状態で、様々なチャンスや関係性を築き上げることが出来るでしょう。

水瓶座の方は、2025年に木星が5ハウスから6ハウスに移動することで、生活の充実はそのままに、実務に追われていく予感。また、健康というキーワードもありますので、自分自身を整えていくことがテーマとなります。

魚座の方は、2025年に木星が4ハウスから5ハウスに移動することで、2024年から2025年の前半に腰を据えた場所を自分自身の基本要素として、さらにトキメクものや、没頭することが出来るものに出会えるでしょう。何かに本気で取り組んでいくような機会が得られるかもしれません。

牡羊座の方は、2025年に木星が3ハウスから4ハウスに移動することで、広がっていた意識が、自分自身の心の定位置を探すことに向かうかもしれません。また、4ハウスは住まいのことや家族のことも象意に含まれています。

牡牛座の方は、2025年に木星が2ハウスから3ハウスに移動することで、お金や時間の使い方というテーマから、人との交流で自分の意見や考え方を広げていくターンに。

双子座の方は、2025年に木星が1ハウスから2ハウスに移動することで、自分自身を再定義することから生活にまつわること全般、特に金銭面がテーマになっていく予感です。

プチ年運を書いてみました。それぞれのハウスに含まれている象意は沢山あるということと、あくまで木星から読んだだけのものになりますので、簡易的なものであるとご了承ください。ここで注目してほしいことは、2025年という年のあなたの運勢ではありません。

星は巡っていくのだと言うことです。

天秤座が今年、組織内での地位を確固たるものにしていくのなら、次は蠍座がまた異なる流れで、似たような恩恵を木星から受けることが出来るわけです。

恋愛や趣味、またパートナーシップは5ハウスと7ハウスが対応しています。この配置に木星がやってくることは12年に一度。何を求めるのかは、人によって様々だと思いますが、星による人生の転換期と木星の恩恵をどの分野で受け取るのかで、また展開が違うはず。じゃあ、恋愛運が良好な時に恋人が出来なかったら、12年間恋愛運が低いのか？と言うと、そんなことはありません。

星たちは、人間関係そのもののように、それぞれの影響を受けています。

誰かが幸運を手にしたことによって、あなたにも何かチャンスがやってくる。そんなことはよく起こります。

あなた自身が求めている成功や出会いのハウスに木星がなくとも、そこで木星を持っている運勢の人が、あなたを見つけるかもしれない。

可能性を否定しない姿勢こそが、木星が意味する「拡大と発展」を最大限活用する鍵となるでしょう！

奇跡は起きる。
あなたが取った行動の
一つ一つから
物語は進展していきます

困難を乗り越えるサターンリターン

人生のテコ入れ期だとよく表現される土星回帰。またの名を「サターンリターン」。一度目のサターンリターンは27歳から30歳頃。二度目のサターンリターンは58歳から61歳頃に起こります。

星のサイクルは、どんな人にも等しく訪れるものです。

私の場合は、仕事と人間関係において、とても苦しい時期でした。金銭的な不安もありましたし、頼れる人もおらず、孤立していました。

私の悩みは自分自身を誰かにとっての面倒ごとでしかないと思い込み、親切には慇懃《いんぎん》無礼な態度で返していたように思います。

私は幼い時から、「一人になりたい」「一人で生きていきたい」と何度も心の中で唱える癖があったのですが、その願いは実のところ、孤立と自由の違いを理解せずに、闇雲に「自由でいたい！」という願望から来ている、幼い感情だと改めて気がつきました。

様々な出会いと、学びの機会がなければ、本心に気がつくことはありません。言葉や感情すらも、認識の歪みや考え方の偏りから、心を欺き、人生をミスリードすることがあります。

そのことを俯瞰することが出来るようになると、人と関わらないように生きてきたことを「勿体ないなぁ」と思える反面、当時の状況からしたら「しょうがないこと」だったのだと、過去を肯定することが出来るようになりました。

苦しかった過去の自分を当時よりも少しは好きになれたような気がしています。

私は、サターンリターンを迎えたことで、自分に合わない環境というものが良く見えるようになりました。

また、誰かの顔色を見たり、自分を大切にしてくれない人からの関心を引こうとするような、本心とは矛盾する、報われない努力をしていた自分自身にも出会いました。そして、日常に潜んでいる支配の匂いに以前より敏感になった気がします。

人生を自分の決定で選択しつつ、幸福を感じること。

それが、個性を活かした幸福を叶える方法になるのですが、私たちは何も持たずに生まれてきます。

どのような選択をしていくのか、どんなことに幸福を感じやすいのか。その判断基準となる価値観は、主に幼少期に作られるのだと考えています。

幼い頃や思春期に、友人や恋人との関係性を良くするための努力をした経験がある人は少なくないと思います。

新しい環境や人との出会いで、私たちは磨かれていきます。どんなに苦しんだとしても、新しい価値観を受け入れることは、過去を救うことにつながり、今を生きる助けになってくれるものがほとんどです。

一方で、認識の歪みからくる悩みや生きづらさは、まるで呪いのように実態が不明で、誰かに伝えることは困難を極めます。

その生きづらさを無視したり、適切な対応をせずに放置していると、耐え難い試練とぶつかってしまう。私はそう考えています。

土星回帰、サターンリターンは自らの人生の方向性を確認し、前向きに組み立てていくために変化していくタイミング。

誰かに頼らざるを得ない状況になり、「自分の弱さ」という煮え湯を飲み下す時です。

個人的には、サターンリターンは苦しいことだったので、このように書きましたが、ご結婚やマイホームの購入など、喜ばしいイベントを過ごす人や、特に実感がない、という方も多くいらっしゃることでしょう。

あなたがもしも、自らの考えを放棄して、他力本願になっていたら、今までの価値観を手放さなければならないような何かに遭遇するかもしれません。

あなたが何か、周囲に期待をされるような立場にいらっしゃるのなら、それを達成することで、人生の流れが確定される――そんなことも考えられます。

改めて申し上げますが、サターンリターン＝苦しむというわけではありませんので、どうぞご安心ください。

星の運行が止まらないように、心の成長も限りはありません。

占星術を愛している私からすると、星のサイクルと人生の連動は「魂を鍛えていく幸福」を実感させてくれています。

色んなものを
乗り越えるからこそ、
あなたは磨かれ美しくなる

恋愛は愛する力と二人の時間を信じる努力をする

占いというコンテンツにおいて、恋愛は最も多く寄せられるテーマの一つです。「彼は私のことをどう思っているの?」「この先、結婚することが出来るの?」「新しい恋はいつ始まるの?」。

こういったご質問に、占い師としてお答えする機会は少なくありません。

恋愛の悩みは個人的な事情からくるものでありながら、多くの人が経験する共感性の高いテーマです。

だからこそ、お相手の想いについて、または出会いについて、そして相性についいて、何かしらの答えを占いに期待してしまうのではないでしょうか。

実際にお話をお伺いすると、恋愛中のお悩みのほとんどは、「今のままで大丈夫なのか？」という不安が根底にあるように思います。

その不安をパートナーに払い続けてもらうことは、砂漠に水を撒くようなもの。パートナーに自分の機嫌を取ってもらおうとすれば、関係性にヒビが入ってしまう恐れもあります。

あなた自身の「愛する力」を信じてみましょう。

お相手に愛情を持って関われていると自分自身を信じて、一緒に過ごす時間を心から楽しむこと。

そんな時間を一緒に過ごせている、奇跡のようなご縁について、改めて考える時間を設けてみましょう。

ともに過ごした時間の中にある、あなたに向けられた笑顔や、ともに笑い合えた時間を丁寧に拾い集めていくこと。

たとえ、心の状況的に自分自身を信じることが難しくとも、お二人が築き上げてきた歴史を信じていきましょう。

占いというコンテンツにおいて、恋愛は最も多く寄せられるテーマの一つです。

「彼は私のことをどう思っているの？」「この先、結婚することが出来るの？」「新しい恋はいつ始まるの？」。

こういったご質問に、占い師としてお答えする機会は少なくありません。

恋愛の悩みは個人的な事情からくるものでありながら、多くの人が経験する共感性の高いテーマです。

だからこそ、お相手の想いについて、または出会いについて、そして相性について、何かしらの答えを占いに期待してしまうのではないでしょうか。

実際にお話をお伺いすると、恋愛中のお悩みのほとんどは、「今のままで大丈夫なのか？」という不安が根底にあるように思います。

その不安をパートナーに払い続けてもらうことは、砂漠に水を撒くようなもの。パートナーに自分の機嫌を取ってもらおうとすれば、関係性にヒビが入ってしまう恐れもあります。

あなた自身の「愛する力」を信じてみましょう。

お相手に愛情を持って関われていると自分自身を信じて、一緒に過ごす時間を心から楽しむこと。

そんな時間を一緒に過ごせている、奇跡のようなご縁について、改めて考える時間を設けてみましょう。

ともに過ごした時間の中にある、あなたに向けられた笑顔や、ともに笑い合えた時間を丁寧に拾い集めていくこと。

たとえ、心の状況的に自分自身を信じることが難しくとも、お二人が築き上げてきた歴史を信じていきましょう。伴っていなければ、そのタイミングを逃してしまうことになりかねません。

運命を期待しつつ、ただ何もせずに待っていることは、自分の人生を丸投げしていることと同じです。

出会いは「あなたがどこに行って、誰と出会うのか？」ということを、あなた自身で選択することが出来ます。

その権利を放棄することは、とても勿体ないことなのではないでしょうか。

さらに、あなたの何気ない振る舞いは、「相手にどんな第一印象を与えるのか？」という部分に直結します。

あなたがすでに繰り広げている、人物相関図の中に、恋愛要素を加えられるのかどうかは、あなたの人への接し方次第なのです。


人と人は、何かしらの意味があって出会っていると信じています。

その意味には大小があるとしても、出会いやすれ違うことも何かのサインかもしれません。

その中でも、心で深くつながることが出来るお相手とは、きっとそのタイミングで出会うべくして出会っているのだと思っています。

なので、出会いを求める方には、理想の恋人像を想像してみることをおすすめしています。


女子会や職場の人との雑談用に用意された、当たり障りのない本音風味のボヤけた人物像ではなく、あなたの頭と心を自由にした上で考える理想の恋人像です。

誰かに遠慮する必要もなく、妥協も必要ありません。

お付き合いする上での条件まで、出来る限り明確に想像していきましょう。

思い描くことが出来たのなら、次は、頭の中にいる理想の人物像の隣に、お似合いのパートナーを想像してみてほしいのです。

またあなたの脳内で思い描いたカップル像と、あなたが楽しいと感じる関係性が一致するのかどうかを、なるべく客観的に判断してみましょう。

理想と現実を比較して観察してみることは、自分自身の方向性を確かめる良いキッかけになると思います。

一致していれば素敵なことです。

ですが、もしも、理想と現実に何かの差を感じたのなら、それはあなたが自分自身に足りないと感じている部分なのかもしれません。

そこを完璧にカバーする必要もありませんが、理想の雰囲気を仕草や言葉遣いで意識してみるなど、今すぐに出来ることを取り入れてみるのはいかがでしょうか。

新しいあなたの魅力と出会えるかもしれませんし、思ったよりも疲れると感じた

Part ★. 2

理想の恋人を
具体的に想像してみる

2025 spring **飛鳥新社のベストセラー**

変な家

シリーズ累計260万部突破!

2024年日本で1番売れた本

「変な家・変な家2」トーハン 総合 第1位

「変な家2」日販 総合 第1位

「変な家 文庫版」トーハン 文庫 第1位
日販 文庫 第1位

雨穴［著］

総合&文庫2冠!!

※トーハン・日販調べ 2023年11月22日〜2024年11月19日

978-4-86410-845-4／1,400円

978-4-86410-993-2／770円

978-4-86410-982-6／1,650円

ら、理想を修正していくことで、異性に対する意識が変化するかもしれません。

世の中には、恋愛を主題にした歌や物語が溢れかえっています。

恋愛は心をうっとりとさせる美酒にもなる一方で、心を重たくする岩になることもあるものです。

私たちは愛がなくては生きていけません。

一方で恋愛やお付き合いは、結婚という制度に行き着くことが多く、社会的な評価が付与されることもあり、愛だけでは成り立たないものだったりします。

ある程度、自由な生き方が許されている現在の社会では、人生の幸福に恋愛は必須ではないと思います。

だからこそ、求めるのならば努力が必要なのではないでしょうか。

その努力が努力でなくなった時、恋愛のお悩みは自然と解決していき、占いは必要なくなることでしょう。

性格こそ運命です。

志と理想は、性格の意識的な部分だと言えるのではないでしょうか。

あなたが理想に向かって行動を起こしたのならば、きっと素敵なあなたに相応しい、出会うべき人と出会えるのだと信じています。

愛する人とのご縁は、簡単には出会えないからこそ特別な輝きを放つものです。

自らの物語を進める人にとって
占いはサポーターにも
アドバイザーにも、
そして無用の長物にだってなる

他者との摩擦が心を磨く

人との摩擦がなければ、どれほど過ごしやすいでしょうか。

学生時代は、関わる人を狭めることも出来ますが、社会人は、関わりたくないからと、誰かを避けることは出来ません。

また、新人や後輩など、関係的に弱い立ち位置にいる場合には、理不尽に頭から押さえつけられるような圧を感じることもあるかもしれませんね。

平和に見える日常の中で、わかりやすい争いが起きていなくとも、笑顔を浮かべながら心を攻撃してくる人もいます。


対人関係での悩みは、立場や状況が絡んでくることで、何が正解で何が間違っているのかを見失いやすくなり、複雑になりやすいもの。

また、大切にしたいものがある場合は、悩みは深くなりやすいのです。

ママ友であれば子どもの立場が、会社内であれば業績が、上司との関係で悩めば進退が、など大人になると様々な事情を抱え、そして、大切なものを守っていかなければいけません。

我慢をすることが大人の対応なのではなく、不要な摩擦が起きない、程良い距離感を取ることが大人の関わり方です。

正直なところ、人間関係で悩んだら「向き合うか」「変化するか」「離れるか」のどれかしか対応策はないと思います。

話し合って「向き合いましょう」は、正解とされやすいのではないでしょうか。

まず、「向き合うこと」でお互いの非を認めて、少しずつ譲り合う。

お互いに変化し合うことで、問題を解決させることは最も美しい解決方法のように感じられます。

これは、お互いに関わりを保っていこうとする意識が必要ですし、利害の一致や状況にも左右されるので、難しいことも多いかもしれません。

次に「変化する」ことなのですが、社風が自分に馴染まないことや、友人と仲良くなればなるほど価値観のズレに気がついてしまうということは、よくあることだと思います。

そういったどうしても受け入れがたいことを受け入れろという意味ではありません。業務上で注意されたことを、自分が心のどこかで「人間性の否定」だと受け止めていないかどうか、また変化することを、「相手に屈服すること」だと勘違いしていないかどうかなど、自分が相手の言葉や行動をなぜ受け入れがたく感じてしまうのか、または何故周囲から浮いてしまっているのかを、考えてみる必要があると思います。

差し出されたものを拒み続けることは、小さな戦争です。

また自分が本来やるべきことから逃げるのは、ただの遅れてきた反抗期であることもあります。

拒絶感を観察し理解することは、自分自身との和解につながるもの。

今までとは違うやり方を受け入れつつ、今の自分自身が進化する可能性に賭けてみると、思ったよりも良い結果を得られることもきっとあります。

最後の「離れること」は最も効果的な対処法だと思います。

悩みの種である人物と離れ、環境を変えること。離れることを「逃げ」や「負け」だと感じるという人もいらっしゃるかもしれません。

ですが、本当はそこに居たくもないのに、ストレスを溜めながら現状維持を選ぶことのほうが、自分の幸福と向き合わずに、逃げていることになるのではないでしょうか。


人と関われば、何かしらの摩擦はあります。

その摩擦によって私たちの心は磨かれ、精神的な成長が出来るのだと思います。

私たちは生まれてきて、愛情を注がれながら、時に叱られてきました。危険から遠ざけるための愛のある教育だとしても、子ども心に親や保育士さん、先生たちからの注意や叱責は子どもだからこそ、ただ怖くて嫌なものです。


「愛や尊敬」というポジティブな感情だけでなく、ネガティブな感情を一人の人物に感じるということは、他者を受容していくために必要不可欠な経験であり、重要な心の痛みです。

人の色んな面を受け入れていく訓練を、私たちは幼い頃から知らない間に繰り返し行っています。

そういう意味でも、生きていて「嫌な人」に遭遇したことがない人はいないということ。

また、自分が誰かにとって嫌な人物だったことも必ずあると思います。

それでも、人と関わることで元気がもらえたり、そこに優しさや尊敬、そして愛情が芽生えることがあるのだと、私たちは知っています。

出会えた目の前の人の良いところを見つけられるよう、そして引き出せるようになりたいものですね。


今、あなたの周りにあるご縁は、美しい模様を編み上げています。

私たちの魂は、ご縁で
編み上げられたものでしか
磨くことが出来ません

悩みという荷物を、一緒に持ってくれる誰かと

悩みは、気分によって重さが変わるものです。

何とかなるさと楽観的に感じられる朝もあれば、大きな絶望感に苛まれて、不安が涙になり、思わずこぼれてしまう夜もあると思います。

そんな苦しい気持ちを1人で抱え込まずに、誰かに頼ってください。

重い荷物を、いくつかに小分けして、少しずつでも誰かに持ってもらったら、あなたの負担は軽くなります。


あなた自身が自分を否定しないでください。

喜びや成功に拒まれている人はいません。

失敗や不幸の星はありません。

占いが好きな人は、繊細な感受性を持っている方が多いように思います。

それと同時に、占いにハマる時期は、生きづらさを感じているタイミングであることが多いようにも思います。

そういったとても苦しい状況にいる方には、気持ちに寄り添い、休むことをご提案します。

休むことでこの状況が停滞してしまうのでは、と休息をとることを恐れる気持ちを持たれるかもしれません。

でも、休息することしか、出来ないような時もあるのです。


限界だと思った時には、すでに限界を超えています。あなたが強くて優しいからこそ、どうしようもなくなるまで、耐えてしまっただけなんです。

傷ついても前に向かおうと、占いに来てくださっていることに、むしろこちらが感謝したい気持ちになります。


人の心には、ケガのように、回復する段階があります。

本当に辛い時には、占い師として、傾聴し、とことん寄り添うことで傷が少しでも早く癒えればいいなと思いますし、次の展開や将来のことを考える余裕が出たら、ご相談者様のビジョンを共有し、具体的な方法や方向性を示し、そこに向かっていけるように心からの応援をさせていただきます。

お悩みの相談内容が漠然とした不安であったり、自分自身を精神的に追い詰めているご様子がある方もよく占いには訪れます。

そんな時は、前述した「自分が友人だったらどうアドバイスするか」という『客観的な視点』を持って考えてみるための質問を投げかけさせていただきます。

「自分と同じ悩みを、大切な友人から相談されたら、あなたはどんな気持ちになって、どんな言葉をかけてあげますか？」

私はこの質問が好きです。

なぜなら、これに答えられなかった方は一人もいなかったからという事実と、私たちは、大切な人には真っ直ぐなアドバイスをすることが出来るのだ、という心の本質的な美しさを誰の中にでも見つけ出せるからです。

客観視するというのは、冷静なだけではありません。

歪みのない視点で相手を見つめ、どんな可能性も否定せず、フラットに物事を見ていく。そんな程良い温かみがそこにはあります。


一欠片も優しくない人はいないと考えています。

ただ、それを自分自身に向けられなくなり、心に棘が刺さったまま、孤独に耐えている人がいます。自分のことを話さず、人との関わりを避ける人は、周囲から浮いてしまいます。

しかし誰にも迷惑をかけないようにと、一人で抱え込むその姿に、不器用な優しさを確かに感じることが出来るのではないでしょうか。


私たちは、日常にある平和や健康のありがたさをよく忘れてしまいます。それと同じようにして、自分自身の素敵なところも簡単に忘れてしまうのです。

人は誰でも、自分が自覚が出来ていることとしか、メッセージを受け取れません。

そして、興味があることにしか意識を伸ばそうとしません。


それが個性でもある一方で、視野が狭くなる原因なのだと思います。

自分自身を思い出すために、また見えていなかった可能性を再発見するために、占いの良い面を活用してしてください。

Part ★ 2

占いはあなたを救いません。

あなたの視点を少しズラして、すでに備わっている意思の力を、光に変えるサポートをしていくのみです。

そんなこと、もうきっとご存知だったとは思いますが。

あなたがあなた自身を
「大切な人」と同じ目線で
見られますように

Part 3

星読みの幸福論

Part 3

誰にでも当てはまる「幸せな人生」とは

星の動き、特に木星は「拡大と発展」の性質から、どの分野での努力が報われやすい「タイミング」なのかということを教えてくれます。

私の体感だと10代の頃から占星術を知っていましたが、この星のリズムがしっくりくることはありませんでした。

家族と過ごす平和な日々。

今から当時を振り返ればですが、現実の大変さを理解せずに、平和と快適さを当たり前のものだと勘違いしていたように思います。

若さゆえの不燃焼感をたぎらせて、自分の力だけで生きているように錯覚していました。

ぐれて不良行為に走る！　なんてことはなかったのですが、あっさりと地元から離れ、一人暮らしを始める時には、寂しい気持ちは少しも湧きませんでした。あるのは、やっと地元から離れられるという清々しさだけでした。
この選択に後悔はありません。しかし、様々な経験をしていくうちに、自分が与えられていたものへの理解が深まり、家族への感謝がどんどんと輝きを増して、かけがえのない大切な思い出になっています。

星のリズムがしっくりくることはなかったと呟きましたが、それは親元にいた自分が、自分で人生を選択するということに鈍感だったからだと思います。
そして無意識的に、色んなモヤモヤを環境のせいにしてしまっていたことが原因だと思います。

誰にでも当てはまる「幸せな人生」とは、様々なことを自分で選択している人生の中にしかないのではないでしょうか。
自分自身が選んできた道だと、胸を張って思える場面があれば、どんな結果であっても、大切な気づきを摑めるのではないでしょうか。

そして、不幸とは、不平不満があることです。

納得がいかずに意識がそこに向くからこそ、何だかずっと報われない気持ちになるのです。

周囲があなたを被害者だと思った時、その役割から降りたいと思ったとしても、周囲は頑固にあなたを可哀想な人として扱い続けるかもしれません。

不幸と不満の渦は簡単にあなたの品位を貶めます。「いじられキャラ」なんて、キャラクターとして確立して良いほど私たちの気分と気質は一定ではないのです。

また、「性格こそ運命」であっても、避けられなかった定めのような不幸は性格とは呼べません。

生い立ちや出来事は背景にすぎず、人間性の証明にはならないからです。その背景と経験を個性のように扱い、自分を憐れみ続ければ成長はなく、周りの人は離れていくでしょう。

ですが、現在の幸福な自分を対比させるように過去を語れることは、立派な功績になることもあるようです。

「不幸を乗り越えてきたのだ」という自信や独自の観点、そして心のしなやかさを手に入れられた人たちは、同じ境遇を経験する人たちの希望の光になることが出来ます。

大きな星空が心とつながっているのであれば、私たちそれぞれの心にも共通点があるのではないでしょうか。

目の前の人がどんな状態であれ、それは「いつかこの先の自分自身の姿」かもしれません。

または「あの時の自分と同じ」かもしれないと、思いやりのある想像力を働かせることで境遇の全く違う存在にも、公平に接することが私たちには出来ます。

想像力こそ平和な関係性を作り出す、唯一の知恵です。

しかし、責任を転嫁したり、都合の悪い役目は誰かに担ってほしいと保身に走ってしまうことが私たちにはあります。

旧約聖書の創世記では、神様がアダムに「(知恵の実を)食べたのか?」と尋ねるとアダムは「イブがくれたから」という旨を答え、神様がイブに「何ということをしたのだ?」と行為を咎めた時には、イブは「蛇に唆されたのだ」ということを口にしています。

アダムもイブも悪いことをした意識があるために、論点をずらそうとしているように感じますね。

思わず発する言葉には自分の弱いところも強いところも自然と出てしまいます。あなた自身が自分をどのように扱うのか、そして周囲をどのように扱うのか、無意識の態度すらも『選択』に当たるのです。

小さい子どもが、親を笑わせようとふざける姿を見たことはあるでしょうか。人には、誰かから尽くされるばかりではなく、自分のサービス精神で「相手を喜ばせたい」という欲望も元から備わっています。

自らが満たされていれば、自然と周りの人たちも幸せにしたくなる。温かい一体感を生み出せたということが、自らの喜びになり誇りになります。

自分が自然体でいられる状態を冷静に分析して、現実と環境を自分自身で整えていきましょう。感情に身を任さず、理性を持っていれば成し遂げることは難しくはありません。何かを押しつけられた時には嫌なことは嫌だと伝えていきましょう。

その選択を奪う権利は、誰も持ってはいないのです。悩みの原因は手放したほうがいい。身軽になっていくチャンスです。

夢を見るのも、叶えるのも
運命を紡ぐのも、変えるのも
全部、あなた自身

誰かの成功パターンよりも自分の心が喜ぶやり方が、最もあなたに似合うはず

ロシアの文豪トルストイの小説『アンナ・カレーニナ』の「幸せな家庭はみな似たようなものだが、不幸な家庭はそれぞれに不幸の理由がある」という冒頭の一文が由来する、「アンナ・カレーニナの法則」というものをご存知でしょうか。

成功を手にするためには、いくつもの要素がバランスよく整っている必要があり、そのうちのどれか一つでも欠けてしまうと、全体の成り立ちが崩れ、失敗につながってしまうという考え方です。

たとえばビジネスプロジェクトでは、資金、適切な人材、明確な目標、効果的な

リーダーシップ、タイムマネジメントなどが必要です。

これらの条件のうち、一つでも欠けてしまうと、プロジェクト全体が失敗する恐れがあります。

また、家庭が幸せであるためには、経済的安定、愛情、健康、信頼、相互理解など多くの要素が必要です。

しかし、どれか一つでも欠けると、その家庭は「不幸」になりやすいという考え方です。


主に、生物学や経済学、経営学などで使われる概念の「アンナ・カレーニナの法則」ですが、私は、この法則を知る前の学生時代に、この冒頭の一文と出会っていました。

そして感じたことは（幸福な人のほうが心のあり方がみな自由で、自分を不幸だと言う人ほど似たようなことを言うけどな）ということでした。その考えは今でも変わりません。

ここからは、法則に関しての話ではなく、小説の冒頭から、私が考えたことについてです。

トルストイの一文は、あくまで客観的に世界を眺め、成功論や、幸福な家庭論、生物の繁栄論を考える時には、とても有効な事実を含んでいます。

ですが、生きていくために、この一文を心に置いてみると、幸せな家庭はみんな似ているのだから、私とお隣には、さほど大きな違いはないのかもしれない、つまり「隣の芝生は青い、そんなものは幻想だ」という風にポジティブに思える反面、「私には何かが欠けているのかもしれない…」と「幸せな家庭」の条件が気にかかり、収入や貯金額、就職や結婚のタイミングなど、全ての条件をきちんと満たさなければ幸福にはなれないのだろうか？　という不安で目の前が真っ暗になります。

全てが上手くいっているように思える時と、全然理想が叶っていないように思える時は、それぞれあって心は揺れます。

たとえば、好きな人が可愛いと言ってくれてとても嬉しいけれど、他の人にもどうせ言っているんだろうな、と嬉しいままで終わらずに疑い始めたりする。

心はポジティブに傾いたかと思えば、それと同時にネガティブな考えが浮かんでくるものなのです。

実は「どうしたら自信を持てますか？」というご相談は、性別や年齢に関係なくよくあります。

「持つ」「持たない」と表現しますが、自信は物品のようにお金で買うことは出来ません。

ブランド品を身につけたところで、それはものに価値があるだけで、自分自身に価値を見出せなければ、虚しくなってしまうだけだからです。

ブランド品は時間とともに型落ちとなります。しかし自信は時間によって劣化することはありません。


また彼にそっけなくされて愛されている自信がなくなってしまったというご相談もあります。


ブランド品や魅力的なパートナー、もしくは占いの良い結果など、何かに依存した自信は、その価値がなくなったり、または疑った瞬間に消えてしまいます。

そしてそれらは大抵、自信ではなく自慢のタネのこと。他者への優越感を自信だと思い込んでいるだけだったりします。


素敵な人物になりたくて、自信だけ持とうと考えた結果、お金や美貌、スキルなど、人よりも優れたものがあることを無闇にアピールしては嫌われてしまいます。

目的と手段を間違えて、自信に満ち溢れた魅力的な人物から遠ざかってしまう危険は、誰にでも起こり得ることです。

自信が持てない時には、何かで埋めようとしないほうがいいのです。自信を持てたら何を成し遂げたいのか、まずは目的をはっきりとさせていきましょう。

「私は駄目だ」と思い込んでいただけだったと気がつくことができるでしょう。


また、あなたの自尊心を傷つけてくるような人や環境からは、冷静に距離を置くことも大切です。

あなたが頑張ったり、エネルギーを注ぐことが問題の解決方法でなくなった時は、学びが終了した合図なのかもしれません。


まずは何をどう感じているのか？　ということを大切にしていきましょう。

ポイントは、小さくても幸福感を感じられるかどうかです。


幸福を感じるには、自尊心が重要になってきます。

自尊心とは、自分自身を大切にする気持ちや、自分自身を価値ある存在として認識し、尊重する態度のこと。

自他ともに愛し愛されることで自尊心は育ち、それはあなたの心を肌のように覆います。引っかけば傷になり、傷ついた状態では、何でも刺激に感じてしまい、褒め言葉や正しい評価を受け取ることが出来ません。

しかし、たとえどんなに傷ついたとしても、時間をかけて正しいケアを行っていけば、美しい状態へと再生出来る、そんな強さを兼ね備えています。

また、幸福感を感じるためには、最高に満たされた瞬間を追うべきではありません。感謝も感動も時間の経過とともに薄れ、平和な日常は当たり前のものになっていきます。

それは悲しいことではなくて、今までの経験が消化され身についていくからなのです。

その証拠に、今までよりも成長した感受性で様々な感情を柔軟に受け止められるようになっているはず。

辛かったはずの過去を思い出しても動揺することはなくなり、心のどこかで感謝すら出来るようになるのです。


月は満ちても欠けても美しい。

私たちはその美しさに、飽きることはありません。


満月の輝きに眼が覚めるような想いを抱くことがあれば、今にも消えそうな繊細な輝きにも心を奪われます。

それはちょうど、人生の中で色んな表情を浮かべ、多くの人々を虜にしていくあなたにとてもよく似ているように思います。


同じ満月でも次の満月では、月の位置も他の天体の位置も異なるものです。

私たちは一度たりとも同じ模様を作らない万華鏡の中で、幸福というマンダラを編み続けている存在です。

過去の栄光に縋り栄光の瞬間にこだわることは、自らの成長を止めて退化していくようなもの。次の美しい悟りに向かい続けることこそが、成長と幸福のある人生の正体なのかもしれません。

私が星を読み、鑑定をするのは、手元や足元ばかりに向けていた目線を上げ、世界は広いと改めて実感していただくきっかけを見つけてほしいと願うからです。

そして最終的には、前向きな気持ちで選択肢を眺め、自分自身の意思で決定していける心の状態になってほしいと考えています。

その力まない姿こそ、何者にも歪められていない、その人らしい最も魅力的な姿なのだと思うからです。

誰かが外からとやかく言おうとも、本人たちが幸せであればそれでよい。

「幸福という個性」は、個人の力にスポットライトが集まっていく今の時代だからこそ、もっと大きな声で表現して良いものだと思います。

2020年に、木星と土星のグレートコンジャンクションが起こりました。

これは、占星術的に見て、風の時代と呼ばれる新時代の始まりです。

風の時代は、コミュニケーションと情報に価値が今までよりも置かれていきます。インターネットなどITの発展とともに、遠くの文化や日常を知ることが出来たり、個人が最新の情報を得られるようになって、自由な討論が今よりももっと、気軽に交わされるようになるでしょう。

幸福とは実際、個人の満足次第なのではないでしょうか。

楽しみながら生きていくだけで、誰にも定義づけられることのない幸福を実現していく——。

これからは「幸福という個性」を今までよりも、もっと大きな声で表現が出来る時代になっていきます。

その声が当たり前のものになった時、「生きる喜び」をともに祝福し合える未来が実現するのだと確信しています。

幸福を感じていくことで
個性が活きる！

私たちが歩んできた道。親の祝福。世代の呪い

『無償の愛』という言葉はきっと、無垢な子どもという存在ありきで発見されたものだろうと思います。

出産は命を落とす危険性もある大仕事です。

また育児には責任とプレッシャーがあり、金銭的な不安が伴ったりと、大変！としか言えないようなことの連続です。

ある時、私の鑑定に一組の親子が訪れました。母親と娘の組み合わせで、大学受験や進路についての相談です。

母親は地元に残ってほしいと言っており、進学する本人は他県の大学を志望していました。この二人は実は、私の親戚なのですが、それぞれの道に進んだ場合にどうなるかを占ってほしいと依頼に来たのです。

親族ということもあり、ただの話し合いの場のようになってしまいましたが、娘のためを思うからこそ「地元での進学を検討してほしい」という意見と、本当に娘の幸せを応援するのなら「他県への進学を許してほしい」という意見がぶつかって、色んな思いと事情がありながらも、本人の希望が通ることになりました。

親が子どもをいつまでも子どもと思っていては、歪《いびつ》な関係になってしまいます。家族といえども一人の人間です。そのことをつい忘れてしまって、自分が最も良いと思う選択肢を押しつけてしまいそうになることは、家族だからこそ、よく起こることなのだと思います。

家族、家の族とはよく言ったもので、それぞれの家オリジナルの種族だと、私は考えることがあります。

私たちは思ったよりも親や先祖たちの影響を受けています。それは、家庭の雰囲気や考え方に表れ、身体的な特徴に表れます。今の自分から、10代ほど遡れば１０２４人、20代も遡れば１０４万８５７６人ものの先祖がいることになります。

その中の一人でも欠けていれば、今の私たちは存在しません。

命はバトンのように渡されて、それと同時に遺伝子も脈々と受け継がれています。命に付随するものは全てがギフトであり祝福です。

私たちは、断りもなく産み落とされます。生まれる時代を選べることがもしも出来たのなら、自分の運命がいかなるものだったのか、想像することも出来ません。


そして、世界は一つの大きな生命体です。

世界は私たちの魂と同じように、発展しては負債を残し、革命が起きては救われて、その裏では様々なものが忘却されています。

世代とは、世界の気分と健康状態のようなものなのかも。そして、私たちという個性溢れる存在がドラマを繰り広げる舞台であり、背景となるものです。


どんなにホロスコープ上では、朗らかで柔軟な特徴が描かれている人であっても、厳しい時代を生き抜けば、目つきは険しくなり、厳しい雰囲気をまといます。

それは世代の影を引き受けた、優しい人物なのかもしれません。

また、あなたが憧れている人物は、とても内向的な人だけど、時代の波にフィットして、押し上げられる環境に追いやられてしまっただけなのかもしれません。

親や先生、上司たちと分かり合える気がしないのは、あなたが新時代の風を吹き込まれた、特別な魂だからなのかもしれません。

大いなる意志も折り込まれ、
私たちはなるべくして
存在している

時代による幸せの移り変わりを、冥王星の深淵を覗き見る

私たちの運命には、意識ではコントロール出来ない要素が複数、絡んでいます。その正体を紐解くために、ここでは冥王星という天体に焦点を当てていきたいと思います。

冥王星はゆっくりと移動し、一つの星座に約12～30年滞在するため、世代ごとの特徴を表しやすい天体です。

以下、2025年時点での冥王星がそれぞれの星座に滞在していた世代の年齢を計算いたしました。

冥王星天秤座世代　滞在期間：1971年～1984年
冥王星蠍座世代　滞在期間：1984年～1995年
冥王星射手座世代　滞在期間：1995年～2008年

※年代は、厳密には多少の前後あり

それぞれの世代には特有の価値観やテーマがあり、それが社会や文化に大きな影響を与えています。

また、逆行と呼ばれる惑星の動きから、たとえ冥王星蠍座世代の生まれだとしても、星座サインが前後してしまうことはあります。

ですが、今回はどちらかといえば、自分自身の生まれよりも、自分が青春時代を過ごした時は「冥王星射手座世代」である、という大局を眺めるような視点で見ていただければと思います。

冥王星天秤座世代（１９７１年～１９８４年）

冥王星天秤座は、端的に言うと、働き方と恋愛の在り方がとても大きく変化した時代です。

たとえば、日本では約20年間続いたと言われる高度経済成長期が終わりを迎え、「安定成長期」へと移行していきました。

家庭では、カラーテレビやクーラー、自動車といった「新三種の神器」がほとんどの家庭で普及し、生活水準が飛躍的に向上した時代です。

快適で便利な暮らしが多くの人々に実現されていくことで、女性解放運動が進展し、働く女性が増えていきました。

不景気のため、専業主婦（夫）になりたくても中々なれない令和ですが、男女平等への意識が社会全体に浸透し始めたこの時代では共働きの夫婦の形は最先端で都会的だったのだと思います。

1970年の大阪万博で文化と技術力を知らしめた日本は、国際社会での地位を大きく高めていきます。

その一方で、高度経済成長による公害の拡大や、水質汚濁、廃棄物の増大、そして地球温暖化問題などが現れ、日本国内や地球全体での環境問題への意識が高くなりました。

また二度のオイルショックが起こり、各国の経済に深刻な影響を与えます。

このことから、日本を含む多くの国々で省エネ技術や効率的なエネルギー利用が進められることとなりました。


天秤座は「バランス」という象意を持つ星座サインで、女性の社会進出など男女平等の考え方や、人類の発展と環境への配慮という2つのテーマを成り立たせることとは、冥王星天秤座らしいのではないでしょうか。

またこの時代では、戦前の見合い結婚から、当人同士の意思による恋愛結婚へと恋愛観が変化し、「恋愛の自己責任化時代」が到来したと言われています。

冥王星天秤座時代に生まれた世代を育てた親世代から、徐々に恋愛結婚の割合が高くなっているはずです。

自由恋愛の始まりという時代背景をネイティブに持つ、冥王星天秤座世代こそ、自由恋愛の申し子なのかもしれません。

後半に入ると、アイドル文化やファミコン、ウォークマンといった新しい娯楽が登場し、個人の趣味やライフスタイルが多様化しました。

テレビや雑誌を通じて、流行が生まれ、この時代のロマンスや人間関係の作り方に大きな影響を及ぼしています。

この時代に10～20代を過ごした人は、旺盛に稼ぐ意識と恋愛への情熱を持ち、この世代生まれの人たちは、自分のペースを守りつつ、他者との関係性に適度な距離感を求めるはずです。

冥王星天秤座生まれの人は、ロマンチックで情熱的な恋を成就させるために、助言を乞うてみるにはいい世代かもしれません。

もっとよくなるために—という大いなる目標を持ちながら、色んな分野とのバランスをとっていった時代です。

冥王星蠍座世代(1984年〜1995年)

バブル経済の繁栄と崩壊を経験し、自分の心の深い部分と向き合う時間の重要性が再認識された時代です。

1991年のバブル崩壊を機に地価と株価が急落し、多くの企業や個人が経済的な苦境に陥ります。これにより、日本は「失われた10年」と呼ばれる長期的な経済停滞へと突入します。

不況の影響でリストラや就職難が深刻化し、特に1971年から1974年生まれの団塊ジュニア世代は「就職氷河期」を経験することになります。

かつては努力すれば等しく成果が得られた時代から、競争の中でうまく立ち回らなければ淘汰されてしまう時代へと変化していきました。

蠍座は「支配と秘密」を象徴する星座であり、バブル崩壊後の社会では、発展の陰に隠されていたモラハラやパワハラといった理不尽な問題に向き合う動きが生まれます。

それまで名前すらついていなかったハラスメントや鬱病などのメンタルヘルス的な問題など、社会の暗部が次第に可視化され、痛みを伴いながらも秘密に切り込んでいく活動が活発になりました。

この頃、日本の技術力と文化が国内外で注目を集め、任天堂のファミコンやソニーのウォークマンなどのエレクトロニクス製品が世界市場で成功を収めることで、日本は技術立国としての地位を確立したと言われています。

初代プレステーションは1994年に発売され、冥王星蠍座世代の小学生時代にサンタクロースにお願いするものは、最新のプレイステーションだったというご家庭も少なくないはずです。

インターネットが普及したことも、一人で楽しめる娯楽が充実し始めたことも、人々の価値観に大きな変化を与えたことでしょう。

冥王星蠍座世代は、インターネットが当たり前の環境で育ち、メインカルチャーとサブカルチャーの境界が曖昧な中で、多様な文化を雑食的に楽しめる環境にあった世代です。

従来は閉鎖的だったオタク文化も、一つのコミュニティとして認識され、細分化が進んでいきました。

この時代は、繁栄と混乱、期待と不安が交錯する期間だったように思います。経済的な豊かさや文化的な成功を享受しながらも、バブル崩壊後の困難に直面したことにより、この世代生まれの人たちは慎重で内向的な気質を持つ傾向があります。

社会全体が挫折を経験したことで「自分の素質に合った仕事をすべき」という考えを持ちやすくなったのではないでしょうか。

1990年代に10〜20代を過ごした人々は、技術革新と新たな文化の広がりを体感し、専門的な知識を追求することに前向きである一方、明るいばかりではない時代を生き抜いてきたからこそ、心が強く、オープンに見えてもどこか観察者の視点を持っている人が多いように思います。

また、「支配する・される」という関係性に敏感であり、環境の変化を見極めながら生きる力を培ってきた世代でもあるのでしょう。

冥王星蠍座生まれの人には、挫折からの再起や成長の方法などメンタルヘルス的なことや、自分に合ったキャリア選択について相談するといいかもしれません。

自分の心を助けてあげられるのは、自分しかいない、と心の奥底に刻み込まれている世代です。

冥王星射手座世代（1995年～2008年）

この時期、日本ではIT革命が進み、パソコンの家庭普及率が上昇し、特に日本ではメールやインターネットが利用出来る「ガラケー文化」が発展し、通信技術が日常生活に深く浸透しました。

情報へのアクセスが飛躍的に向上し、人々のコミュニケーションの形が大きく変化していったのです。

それにより、ネットリテラシーが低いままにネット上でのコミュニティが出来上がり、簡単に誰でもやり取りが出来る反面、簡単に誰かを仲間外れにすることも出来るようになってしまいました。

また、冥王星が射手座に滞在している2002年にゆとり教育が開始され、2010年の初期まで実施されていました。

識が一層高まっていきました。

ンスをとっていった時代です。

冥王星蠍座世代が義務教育を受けた時期と重なっています。

技術革新が日常生活にまで浸透した結果、最新技術は産業だけではなく子どものやり取りに、また国の政策としての教育に影響が出るなど、この時代は、大人たちだけでなく、どの世代にも変化の波が波及していたように思います。

一方で、就職氷河期を経験した世代は厳しい雇用状況に直面し、「フリーター」や「ニート」といった言葉が社会問題として取り上げられました。

「ニート」という言葉がネット流行語大賞候補に選ばれ、同年に情報バラエティ番組で放送された「働いたら負けかなと思ってる」というフレーズは、今でもネットミームとして有名です。

冥王星天秤座時代は、経済の発展とともに、明るい未来に向けての変化があった時期と重なります。

これからもっと豊かになるという期待のもと、恋愛結婚の末にサラリーマンという企業勤めの夫と専業主婦という核家族的な世帯の型が作られた時代です。

冥王星蠍座時代は、大きな発展と明るい将来への幻想を打ち砕かれ、今まで見過ごされてきた多くの問題を、インターネットという技術革新の裏で密に意見交換をし、それぞれの主義主張を秘密裏に膨らませてきました。

冥王星射手座時代に入り、１９９０年代後半あたりから、鬱やいじめ問題が表出し、心の豊かさの重要性が以前よりも強く唱えられ、意識されるように。それは幸福の定義や、そもそもの人としてのあり方を見直す視点が必要とされ、今よりも広い世界を眺めるように私たちを自分探しの旅へと駆り立てました。

この時代に10〜20代を過ごした人は、ヒエラルキーやカテゴライズに無意識的に反感を持ち、自分自身の可能性を模索することに意識が高い傾向にあります。YouTuberやインフルエンサーの先駆者の多くが冥王星蠍座世代なのは、年頃も大きいのですが、こうした時代背景があるからこそなのではないでしょうか。

冥王星射手座世代に生まれた人たちは、自らの権利を主張したり、平等な議論を行うことに長けています。

過去からの教訓を意識せずともＳＮＳで受け取り、「人生ネタバレ」感からさとり世代とも呼ばれています。

人生に対する新しい視点や、自由に人生設計を描きたい時には、この世代の人に相談してみるといいのかもしれません。

手放すことで得られる幸福を直感し、様々な垣根を超えていける世代です。

冥王星山羊座時代と水瓶座時代について

2008年〜2023年は、冥王星山羊座時代と呼ばれています。

山羊座サインは、責任や目標、または社会的な評価という現実的なテーマを象徴します。

従来の成功パターンに甘えた油断や怠慢に揺さぶりをかけ、見かけ倒しの中身のないハリボテはどんどん淘汰されていったはずです。

冥王星射手座時代を経てもなお、人の自由な在り方を認めようとしなかった企業や組織が当てはまります。


影響力を誇っていたものが衰退し、変わらぬものと信じられていた基盤が揺らいだことにより、私たちは安定した生活を心から望んだはずです。

山羊座は12星座の中で、最もストイックな一面を持っているとされています。

そのことから、自らの安定のためには、過労死やメンタルヘルス的な問題を無視して、大企業への就職や、身の丈に合わない成功を収めようとする若者が多くなったかもしれません。

冥王星蠍座世代と射手座世代のキャバ嬢やホストなどいわゆる夜の職業の方たちが企業家になったりインフルエンサー化したことも特徴的だと思っています。

経済が不安定だからこそ、根源的な富と権力のほうに若い人たちが流れていくのは、自然なことなのだと思います。

新型コロナウイルスのパンデミック（２０２０年〜）では、リモートワークやキャッシュレス決済が普及し、特にリモート技術やオンラインサービスが一気に広まり、生活や仕事のデジタル化が加速しました。

冥王星が山羊座サインから水瓶座サインへと移動することは、地球全体のパラダイムシフトの合図です。

世界規模での価値観や、社会構造の大きな変化を予感させる転換点を迎えた私たちは、一体どんな未来へと向かうのでしょうか？

冥王星天秤座時代に想像していたよりも自由な恋愛と職業選択が叶うようにな

り、蠍座時代に熱心に開発されたインターネットは私たちの生活になくてはならないものとなっています。

自分の過去を振り返ってみると、今まで自分が望んだことは、いつも想像もしていなかった形で叶ったり、興味がなくなったりしてはいないでしょうか。

形を変えない願いは、中々持つことが出来ないものです。

「こうなったらどんなに幸せなことだろう」と切望していたことも叶ってしまえば当たり前のものとして飲み込まれて、また次の願望が生まれていきます。

それは、時代という大きな括りで世界を振り返ってみても同様です。

技術の革新に生活を支えられながら、私たちの健康寿命は延びて、概ね幸福になっていっているような気がします。

冥王星水瓶座時代の到来

2024年の11月20日に、冥王星が正式に水瓶座サインへと移動しました。

水瓶座サインは、希望と博愛、そして革命というテーマを担っています。

革命は、既存の権力を打ち倒すことです。

ですが、本当に重要なのはその後の仕草。もしもトップの顔ぶれだけが変わって、従来の体制が引き継がれるのなら、それは革命ではありません。

冥王星は避けられない変化を表し、水瓶座は革命の星座サインです。私たちはこれから、『個人の時代』かつ『ＡＩの時代』を迎えます。テクノロジーが私たちの生活を全自動化し、直感的な操作でタスクを完了してくれることでしょう。

個人の創造力が解放されると同時に、自分の満足のためだけならば、人との関わりを避けて生活をしていける未来の到来を予感させます。

それは、戦後から様々な苦労を重ねて築き上げられてきた、「家族としての幸福」や「社会的な発展」をある意味、破壊するものなのかもしれません。

また、より一層自分の考えを自由に発信していける時代になっていくのだろうと思います。

それは、今まで小さかった個人の声が大きく、そして大きかった声が小さくなり、無音のようなノイズが身の回りに溢れていくということです。

様々な意見や色んな情報が当たり前に飛び交う日常の中で、自分に必要な情報をきちんと見極める力があるのかどうか。

そして、最新技術をいかに活用し、どんな情報を発信していくのかという、モラルと信念を私たちは時代に問われています。

これからの未来を作っていくのは、私たちの価値観次第。

それぞれに異なる良識的なビジョンを、心に咲かせていきましょう。

風の時代の始まり

2024年の冥王星の水瓶座への移動は、風の時代を強調するものです。

もうすでに、今まで時間をかけて大きくなってきたものが、沢山分解されて、清算するような流れが生まれています。

特権階級は解体され、利権にあぐらをかいてきた人たちは、そのメッキと権力を剥がされていくでしょう。

自分が属していた組織やコミュニティから離れたり、袂を分かつ背景には、反発や謀反、意見の相違があるものです。

職場を退職する際の、退職代行サービスという新しい職業さえ出てきています。日本の企業は、大変な時を何度も乗り越えてきたからこそ、そこに所属することは苦労をともにするものだという、無意識的な価値観があったのかもしれません。

しかし、そんな今までの歪みはリセットし、余計なものは排除していかなくてはなりません。

本来、転職はその人のキャリアアップと前向きな成長のためにこそあるべきものだと思います。

それぞれが個人主義になり身軽になっていくことは、新しい方向と可能性へと舵を切る、明るい希望が滲むものであるはずです。

2020年のグレートコンジャンクションを迎えたことで、私たちはすでに「風の時代」を生きています。

土星と木星の運行からなるこの現象は、今後100年以上にわたって「風」的な影響を私たちに及ぼしてくれるとされています。

革命は全てを清算して0にすることではありません。

今までの歴史と経験を深化させることで起きる、地盤の歪みから来る大きな大地の震えのようなものです。

そこから起こる様々な津波や倒壊から、逃れようと思った時にはもう巻き込まれている。

いつだって革命は、破壊と解放の両方を伴ってやってきます。

時代の発展を
「祝福」とするために
日々を楽しく過ごしましょう

Part 3

星占いの世界から、理想と希望の世界へ

星はいつだって美しく輝いているので、どうして良いことばかりを運んでくれないのかと、ふと思ってしまう時があります。

言葉は心に届きます。

占いで前向きな言葉を目にすれば嬉しくなり、ネガティブなことを受け取ってしまえば、気持ちは少し落ち込むもの。

大きな星の移動を何らかの形で伝える時に、なるべくならば良い面を汲み取って伝えたいものだとも思います。

しかし、良い事ばかり話すのは、何だかおだてているようで無責任です。

でも、悪い事ばかり伝えていくのも、脅しているようで人の行動を制限してしま

うかもしれません。

星は、その人の人生によって影響の仕方が変化します。星の言葉もその人によって捉え方が異なります。

私はエゴイストなので、皆が幸せであってほしいと思ってしまいますが、誰かの幸福が誰かにとっては目の上のタンコブになることがあるとも知っています。人間の関係性が安定する秘訣には、理解ではなく無理解のほうが必要とされる時もあります。

夢を目指して頑張っている人がライバルの成功を妬んでしまい伸び悩んでいる時に、あなたの才能を活かせる先はもっと別のほうにあると伝えることは残酷です。貧乏で賢く立ち回らなければ生きていけない人が存在しながら、豊かで何不自由なく生活し、その結果、人の痛みや苦しみに鈍くなってしまう人もいます。

星たちにとって私たちの表情は、遠すぎて見えないのだと思います。

そもそも星たちはこちらに興味関心もなく、意思もなく、全ては私たちの泡沫《うたかた》の夢なのかも。

だからこそ、全ては私たちに委ねられていて、結末さえも自由に描けるものであるはずです。

目指すべき結末を探しても宿命という答えはなくて、ただ自然な成り行きで、なるべくして全てが収まっていくのだろう。そんな風に思います。

全てが丸く収まった時、
そこに至った経緯と時間こそ
「運命」であり
「宿命」なのではないでしょうか

Part ★ 4

私が愛する12星座のあれこれ

Part ★ 4

私という役割の変化

私たちは自分自身でしかありません。

人は生まれてくることで、誰かの子どもとなり、家族となります。

そして、自らも独立し、家族を作り、様々な関わりを編み上げながら、寿命が訪れるまで、とにかく生きていきます。

ですが、私たちはどこからやってきたのか、これからどこへ向かうのか、明確な答えはきっとどこにもありません。


人の一生が向かう先は何なのか、12星座の物語から、読み解く試みをここでしてみたいと思います。


『牡羊座と牡牛座と双子座、そして蟹座的な幼年期から少年期。自分の安心基地を確立する』

私たちは、みんな子どもでした。子どもは生命力に溢れ、欲張りで頑固です。

そして、楽しいことが大好きで、行動範囲を広げながら、お気に入りのものに愛着を持ち、個性を育みます。

『獅子座と乙女座、そして天秤座的な青年期。自分を持って世界と社会に参加していく』

私たちはあらゆることを学び、大人たちの期待によく応えてきました。

その結果、勇敢かつ慎重な私たちは、大人たちから他人との適切な距離を取ることを学び、社会性を身につけていきます。

『蠍座的で射手座的な自己探求期。精神的な成長期』

社会に出た時、私たちは自らの素養や、自分自身の軸となっていた価値観のズレに気がつきます。それは成長の伸び代であり、才能発揮のチャンスです。

『社会的頂点は、山羊座的』

自らの素質を活かせる。

そんな居場所と巡り会えた時、あなたは世間から評価され、社会的な居場所を見つけられます。子育てやローン返済など、長期的な課題を手にすることもあるのかもしれません。

『水瓶座。自分にとって最善の方法で世界との接点を創っていく』

私たちは、生きている中で、感情を動かし、様々なものを味わい、学び遊んでいます。

そして、愛することや役に立つことで、居場所を作る術を身につけ、自立をしていきます。

『魚座。全てをのみ込むような意識』

12星座を人の一生に当てはめた時には、魚座が担うキーワードは「信じること」です。

物事の真理を突き詰め、状況を良く把握することを「達観している」と表現することがありますが、12星座の物語の終着地点は、「達観」ではありません。

魚座は受容の星座でもあります。

全てを包み込み、のみ込むわけでもなく、ただ存在を肯定していく感覚。それは、変化への容認です。

私たちは、常に変化し成長しています。

一時期流行にもなった「ありのままの自分」を愛することは、不出来な自分を許すことではなく、それを周囲の人たちにのみ込んでもらうことでもありません。弱い自分を受け入れ、知らずに積み重ねてきた我慢と譲歩をやめていくことです。

私たちは、ずっと意識を保っているはずなのに、記憶は動画を再生するように完璧な姿ではありません。

死ぬ前には走馬灯が流れると聞いたことがあります。
死という終わりの直前に、自分の人生がフラッシュバックするのは、まだ生きていたいという未練がそうさせるのか、自分の人生の総まとめを見せてもらっているのか、どちらなのでしょうか。
「人生を映画のように楽しむ」という死神のサービスなのだとしたら、感想を聞いてくれる人と走馬灯の視聴後に出会えるのでしょうか。

砂時計の砂が、全て下に落ちきる前に、もう一度ひっくり返したいと思うのか、それとももう十分満足したと笑えるのか、後者のほうが個人的には理想なのですが、第三の選択肢がその時になったら現れるのかもしれません。

消えかけていた炎が激しさを取り戻した瞬間、より一層輝きを放つのであれば、私たちはまさに星そのものです。

超新星《Supernova》から放出される
エネルギーは、
宇宙全体へと拡散し、
次の命を紡ぎます

牡羊座のあなたへ

（3月21日～4月19日生まれの方へ）

牡羊座は、「I am」の生命力溢れる星座サインです。
属性は火。支配星は火星。

もっともピュアで、純粋な混じり気のないエネルギーの持ち主であり、情にもろく、優しさと激しさを兼ね備えている人。

未知の世界へと挑戦するために、惰性と諦めの精神を情熱の炎で燃やし尽くし、新たな始まりへの狼煙《のろし》を上げる。

「誰もやったことがないから」と考えることすら放棄していた人たちの目を覚まさせる、先駆者の気質を生まれ持っています。

ARIES

あなたの強み

力強さと直感力こそがあなたの武器です。

その直感力は、自らの使命を鋭く嗅ぎ分け、あらゆる障害を薙《な》ぎ払い、あなたの夢を実現させる道しるべとなるものです。

運命を切り開く力を、あなたは生まれながらに手にしています。

ARIES

情熱と挑戦の火星

赤く輝く火星は、ローマ神話の軍神マルス（Mars）を象徴し、マルスと同一視されたギリシャ神話の軍神アレス（Ares）のイメージとも結びついています。戦いや争いは、普通、遠ざけたいもののはず。

たしかに争いは何も生み出しません。

しかし、正々堂々と向き合うことでしか、真に打ち勝つことも出来ないのです。ただ闇雲に争いを避けようとすることは、戦う目的を見失い、敗走を続けることと同じ意味になってしまいます。

牡羊座さんが纏うエネルギーは特別にパワフルでアツいもの。後先考えずに、この熱が続く限り…いや、この熱がたとえ噴火して派手に爆発しようとも、その爆風に乗っかって、どこまでも飛んでいこうとするような、色んなものの範疇を超えていく破天荒さを持っています。

そんな思い切りの良さは特徴的ですが、自分にとっての「安心毛布」のような、馴染んだものを手放さない、過去を抱きしめる無垢な一徹さを、あなたは持ち合わせています。

勇猛果敢に新しい世界へと切り込んでいくあなたですが、一度恩義を感じたら、そのご縁に対する気持ちは強力なはず。

正々堂々と時に無謀でも、真正面から切り込んでいく。そんな情熱を宿して生きるあなたの生き様は、嘘や裏切りを蹴散らし、義と恩を重んじます。人が人としてあるために、あなたは突き進み挑戦を繰り返していくのでしょう。

そんなあなたの真っ当な情熱は、周囲にどんどん広がっていき、未来への希望で全体を明るく照らし温めていけるのです。

ARIES

隠れたボーナス

あなたが自らの心に従って行動を起こせば起こすほど、世界はあなたに味方して、必要なご縁を引き寄せてくれます。

不思議と人や場所が揃い、あとは行動を起こすだけ。お膳立てしたように全てが整い、あなたの背中を押してくれるでしょう。

つまり、何故かピースが揃わない時は、一旦考え直しの合図です。一時的にストップすることで、よりブラッシュアップされた新たな閃きを手にすることが出来ると思います。

ARIES

あなたへの誤解

やりがいに満ちたあなたは、強烈で鮮烈で眩しい存在です。

その様子から、周囲の人には無鉄砲に見えることがあるかもしれません。しかし、あなたは決して無鉄砲ではありません。

見切り発車に思える行動も、実は計算を重ねながら走り出し、持ち前の瞬発力で方向性を調整しながら、目標へと向かっていく、そんな器用さも持っています。

その大胆さと柔軟さを兼ね備えた姿は、知性を超えた賢さの表れです。

これからもあなたらしい夢を描き、挑戦という大きな光で未来を照らし続けてください。

**あなたが正直で真っ直ぐだからこそ、
未来はいつでも輝いています。**

牡牛座のあなたへ

（4月20日〜5月20日生まれの方へ）

牡牛座は「I have」の所有の星座サインです。
属性は土。支配星は金星。

あなたの想像力は、大地が宝石を生み出すような驚きと喜びに満ちた豊かなもの。またあなたの忍耐力は、大地が様々な植物を育むように、雄大で揺るぎないものです。

牡牛座さんは「クリエイティブでマイペース」という表現が使われがちです。それは、あなたが心の中で抱くビジョンや目標が余りにも大きくて、なおかつ、過程の一つ一つが重要な意味を持つからなのだと思います。

自らのビジョンに従って、細かい作業に心の実感を伴わせていける人。日々の小さな選択にも、あなたらしさが滲み出て、気がつけば創造性が発揮されているのです。

TAURUS

あなたの強み

あなたはこだわりの人です。

好きなものを追求する姿は、ただただ純粋な喜びが宿っていて、オタク的かもしれません。それだけ好きなものの世界を繰り広げられることは強みです。

そして、苛烈な言葉選びと豪胆さを持ち合わせています。いざとなったら譲らない強固な姿勢で、あなたの大切な美意識や世界観を貫くことが出来るでしょう。

TAURUS

美と享楽の金星

金星は、美の女神アフロディーテです。

日本語では、明星と呼ばれ、明け方に見える金星は「明けの明星」、夕暮れ時に見える金星は「宵の明星」と呼ばれています。

夜明けの薄らと明るい空に輝く金星に呼びかけるような「彼《か》は誰《わたれ》星」という異名さえ付けられています。

金星が美しいが余りに、時間帯によって呼び名を変えて、その格別の美しさを覚えておきたかったのではないでしょうか。

牡牛座さんの美意識にも、そういうところがあります。

日々、同じ行動を繰り返していても、その中でも特別に美しく上手くいった瞬間を心に留め置いている。

豊かで鋭い感受性から、たくさんの感覚を鮮明に覚えているはずです。

TAURUS

隠れたボーナス

あなたは特別に多くのものを感じ分け、その感覚に心を震わせながらも、泥酔した時のように感覚が鈍ることはありません。あらゆる刺激に惑わされずに、本物を見つけ出していける審美眼。

それは、あなたの人生においてあらゆるチャンスを掴み取る秘訣となっています。

TAURUS

あなたへの誤解

あなたの瞳や表情は、心の窓にはなりません。

なので、動じにくく強い人物に思われやすい傾向があります。

あなたの豊かで鋭い感性が、一度に様々なことを感じる取るがゆえに、色んな想いが心の中で混ざり合い、複雑な心境は表情に反映されにくいのです。

深い深い井戸の底から湧き出る水を汲み取るようにして、心の実感が溶け込んだ意見を言葉にすれば、周囲から信頼されることでしょう。

あなたには、流行りのものよりも、あなたの美意識が詰まったものが似合います。この世界からお気に入りのものをチョイスして、あなたのこだわりを深めていきましょう。気がついた時にはそこに、唯一無二の誰も見たことのない「美」そのものが存在しているはずです。

あなたが心のままに行動すれば、日常のクオリティが上がり、さらに素敵により良くなっていきます。

生活を美しく楽しくする錬金術の使い手。そのこだわりと美意識をこれからも貫いてください。

ちなみにあなたは、心の奥底で略奪されることを心底恐れているかもしれません。

あなたが苛烈になる時、それは何かを奪われる危険性を感じた時。自らの激しさに疲れることがあるとしても、それはあなたの大切なものを守るためにはとても必要なことなのです。

どう足掻いても、オリジナルのあなたなのです。

誰にも奪われることのない宝物を、
あなたは胸に秘めています。

双子座のあなたへ

（5月21日～6月21日生まれの方へ）

双子座は「I think」の思考の星座サインです。
属性は風。支配星は水星。

風星座の中でも、双子座さんの風は、イタズラっぽく軽やかな春の風です。木漏れ日と木々の笑い声のようなざわめきを含んだ、なぜかワクワクしてしまうような風です。

風にヒラヒラと舞う蝶々が、次から次へと花を飛び回るように、好奇心旺盛でジャンルを問わず、楽しそうだったら、ひとまずかじってみる。常にアンテナを張っていて、新しい情報をキャッチできるあなたは、周囲に話題を提供し、人懐っこい印象を持たれやすいだろうと思います。

GEMINI

あなたの強み

知的好奇心とフットワークの軽さが武器です。

「聞くは一時の恥聞かぬは一生の恥」と言いますが、新しい挑戦を始めていくことは、初心者に自ら戻っていくことです。

知らないことばかりで周囲からの声に耳を傾ける柔軟さがなければいけません。

意地を張らずに教えを乞い、素直に知識を吸収することで、一時の恥を重ねたとしても、多くの知識と知恵を自分のものに出来るでしょう。

過去の自分を超えていける尊い性質だと思います。

「恥の多い人生を送ってきました」と小説に書いた太宰治は、6月19日生まれの双子座でした。

GEMINI

知識と閃きの水星

水星は旅人と商売の神様であるヘルメスの神話と結びつけられています。水星は惑星の中でも動きが速く、そして中性の性質を持つとされています。

双子座さんの話し方や振る舞いから、どことなく中性的だったり、または知的な印象を受けることは確かにあります。

性別を超えて仲良くなれるのは、水星の影響からくるものなのかもしれません。

GEMINI

隠れたボーナス

天空に棚びく雲の流れと地上の風の強さが異なるように、あなたは何かに熱狂しながらも、どこか冷静に次のステージへと意識を向けていることでしょう。

今いる場所にこだわらずに、いつだって広い世界に羽ばたいていけるあなたは、永遠の成長期です。

GEMINI

あなたへの誤解

明るい表情の裏側に抱く思慮深さ

あなたの好奇心でキラキラした瞳や、楽しいと良く回る舌のせいで、明るい印象を持たれやすいかもしれません。

世間は不思議で、重たく深刻なほうが真面目でよく考えているように見えるようです。

そんな偏見が馬鹿らしくなるくらい、あなたは明るい表情の裏側で、色んなことを考えて、一定の憂鬱さを抱えていることでしょう。

軽やかで繊細なあなたの感性は、その場の見えない気の悪さを感じ取ると、ゆっくりと距離をとりながら、静かにフェードアウトしてしまうはず。

それは、誰も傷つけずに、無闇な争いを避ける尊い選択になっていると思います。

双子座サインは知識と情報を司ります。

ヘルメスが旅をする行商人を見守る神様だったように、色んな国を渡り歩き、色んな世界を眺めて交流することで、様々な知識とともに多くの閃きとインスピレーションを授かるでしょう。

あなたが心地よいと思う距離感と関わり方で、新鮮な喜びと楽しい時間に出会い、素晴らしい交流を持てることを応援しております。

あなたが
心からの笑顔を忘れなければ、
どこに行っても歓迎されるはず。

蟹座のあなたへ

（6月22日〜7月22日生まれの方へ）

CANCER

CANCER

蟹座は、「I sense」の共感の星座サインです。
属性は水。支配星は月。

水星座の中でも、蟹座さんの水は、コップや水差しに注がれた水です。綺麗で清潔な飲み水として、喉の渇きを潤してくれるものです。その水は肉体の細胞に染み渡り、また外へと排出され、永遠に循環していきます。

たった一度の満足で満たされるものは贅沢品である証拠です。満たし終わることが出来ないものこそ、私たちの生命維持には本当に必要なものではないでしょうか。蟹座サインの象意が共感であることは、心からの共感こそ、精神にとっての水であり、必要不可欠なものであることへの示唆なのだと思います。

蟹座さんは、どちらかというと内向的で移り気です。また、突発的な閃きで動き出すこともあり、その気持ちの変化は、月が満ちたり海が荒れたりするような、壮大で理不尽なものです。だから、気持ちをコントロールしようとするのではなくて、その気持ちの流れに乗っかって、自分を心地よくしてあげるにはどうすればよいかということを考えることが必要となってきます。

なぜ心が荒れるのか。それは、優れた共感力で、誰かの影や毒をともに感じてしまったからかもしれません。

もしくは、誰かのことを優先しすぎて、自分自身の心を取り戻すための、必要な揺り戻しである場合もあります。

CANCER

あなたの強み

あなたの共感力は、やはり強みです。

優れた共感力は強みではありますが、悩みの種になることもあるかもしれません。それでも、優しさを表現する場面を逃しませんし、誰かの笑顔をともに喜べる素敵な日常を生み出せる才能だと思います。

CANCER

満ちては欠ける月

月の優しい光は幻想的です。

淡く輝く時もあれば、ゾッとするくらい美しい時もあります。地球を現実的で物質的な世界とするのなら、月は空想的で精神的なものなのかもしれません。

月がなければ心はなく、私たちはただの人形になってしまうでしょう。

大切なものは何なのか、人生に迷った時は財産を蓄えた宝物庫ではなく、己の心の中にこそ答えがあります。好きなものに対して、強い愛着を持てる蟹座さんは、誰よりもそれを見失いにくいのではないでしょうか。

CANCER

隠れたボーナス

あなたが自分の共感力をしっかりとコントロール出来た時、その心のつながりを逆手にとって、相手の気持ちを読み取ることも出来るはずです。

相手にとって「こんなに分かってくれる人はいない！」とまるで運命の人のように思わせられる才能が、実はあなたには備わっています。

CANCER

あなたへの誤解

惹かれたものや、趣味嗜好こそがあなたの個性そのもの。

あなたは一度好きになったものならば、分かりやすくのめり込んでいくことでしょう。

その気持ちが人に向けば、自分の家族のように扱い、身内びいきのように見えてしまうかもしれません。

ですが、あなたが愛情を注ぐものは人に限らず、実態があるものとも限りません。

だからなのか、蟹座さんは、人や世間とは距離を置いて、静かに楽しく過ごしている方も多いように思います。

あなたの優しさは数量限定。

殿堂入りした推しや大好きなものを通してなら、その数を増やしていくことは出来るはず。

分け隔てない愛は美しいものですが、それは無関心と同じニュアンスが含まれています。

しっかりと的を絞り、愛情を注ぐあなたには、沢山のドラマと感動が用意されていることでしょう。

大きな愛と適度な刺激で、
あなたの心は保たれます。

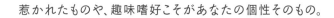

獅子座のあなたへ

（7月23日〜8月22日生まれの方へ）

獅子座は、「I will」の意志の星座サインです。
属性は火。支配星は太陽。

星占い的には何月生まれかどうかは関係なく、皆が等しく太陽の要素を生まれもち、そして影響を受けています。

私たちが人間である限り、気持ちに波はあり、日常の中には、喜びも悲しみも含まれています。なので、獅子座のあなたにだって、塞ぎ込むことはあるでしょう。

それなのに、その項垂《うなだ》れた姿にも、なぜか惨めさが漂わない不思議な魅力を放っています。

LEO

あなたの強み

あなたの不思議な魅力は、その存在感に集約されます。

あなたは、自分自身のイメージやキャラクターと離れた言動を取りません。つい話を盛ってしまうことはあっても、思ってもいないお世辞を言わない印象があります。

そんなあなたの意識が内側から滲み出て、生き様として表れてあなたの輪郭を濃くしているように思います。

LEO

表面のない太陽

太陽には、地面のような固い表面はありません。私たちが捉える丸い太陽は全て光によって形作られています。

その実態は、燃え続ける核融合エネルギーであり、数十億年という長い間輝き続け、生命の進化を照らし続けてきました。

「嫌わせないでほしい」という願望が、あなたの心の奥底に横たわっているように思います。

あなたは、ネガティブに触れるとたちまち、内面の輝きが減少します。あなたが自分の価値を肯定出来ないような環境にいると、全てを否定したくなるような、強烈なひねくれ方をしてしまいます。

LEO

隠れたボーナス

あなたにはあなたの生き方があります。あなたの輪郭は、内側から描かれていくものなので、外側からの訂正も加筆も必要ないどころか、意味を持ちません。あなたが自らの弱さを認めて、自分自身を表現することが出来た時、あなたの自分の嫌いなところがチャームポイントとなり、あなたのブランディングが完成するはず。

LEO

あなたへの誤解

あなたは、類い稀なるサービス精神の持ち主です。

人がたくさんいると、つい張り切ってしまうことがあると思います。

その姿からは、普段の物静かさが想像されにくいため、あなたの慎重な一面は見抜かれにくくなっています。

あなたは状況を観察しつつ、実直に現実と向き合い、己の弱さを直視することが出来る、本質的な強さの持ち主です。

誰にも内緒で鍛錬を繰り返し、成長途中は隠すという、「常に強い自分」で在ろうとする武士のような矜持すら感じることがあります。

あなたは自らと周囲を軽んじない、誇り高い人物です。

そんな、状況に対する慎重さと隠された努力を重ねることが出来るあなたですが、心から湧き上がるような愛情を感じた時には、その愛情表現が一変して、激しくドラマチックになる傾向があります。

直感や一目惚れによって、瞬く間に恋に落ちてしまうこともあるでしょう。

持ち前の慎重さも、鮮烈な運命の予感の前では歯止めが効かないかもしれません。

しかし、どんなに甘く響く言葉であっても、その瞬間に紡がれる言葉は紛れもなく本心のはず。

それは一時的な熱に浮かされたものではなく、お相手との信頼関係の上に成り立つロマンチックで真実の愛なのです。

あなたが笑うと、
なぜか周囲が
パッと明るく照らされます。

乙女座のあなたへ

（8月23日〜9月23日生まれの方へ）

乙女座は「I analyze」の分析の星座サインです。
属性は土。支配星は水星。

乙女座と双子座は、人のモチーフが使われています。ですが人と言っても正確には人間ではありません。

乙女座の神話には色んな説があり、ゼウスの姉であるデメテルとも言われることがありますが、女神アストレアの神話の中に、乙女座的な象意を垣間見れるような気がしています。最後まで人間を信じ、正義を訴え、地上で人間とともに暮らした最後の女神アストレア。最終的には天界に帰り、星座として今でも夜空に輝いているのです。

VIRGO

あなたの強み

あなたの強みはなんと言っても、その分析力。

分析するということは、観察して分解し、さらに何かと比較して分類をし、その上で因果関係を特定しなければなりません。

一口に分析と言っても、対象次第では、考える工程は多くなり、そこに割く時間は増えていきます。そんな大変なことを、無意識のうちに自然と行っているのが、乙女座のあなたです。

その分析力を駆使することで、あらゆる展開を想像し、色んな準備を行い、様々な事態に対応することが出来るでしょう。

VIRGO

研究と実践の水星

乙女座は双子座と同様に、ヘルメスの神話と結びづけられる水星を支配星としています。

ヘルメスは神々の伝令役として、翼のついた帽子や靴、杖を持ち、空を飛んで伝令を届けていました。

機密文書を持ち運ぶ、賢く信頼に足る伝書鳩のようなイメージが湧いてきますが、ギリシャ神話の「オリンポス十二神」に数えられ、非常に高い位に就いています。

乙女座の強みは分析力であると前述しましたが、なぜ分析するのかという根底には、失敗を恐れる心と損失を厭《いと》う心から生まれる、理想の高さがあるように思います。理想が高いと言われるとピンと来ないかもしれませんが、自分の失敗を赦しにくく、自己反省的な傾向が強いということです。

もしもこうだったら…とリスクを想定していくためには、思いついた可能性を分析し否定していかなければなりません。あらゆる準備をしていくことは、己自身に厳しい感覚を持っていなければ、出来ないことなのではないでしょうか。

乙女座的な分析力の効果的で自分を傷つけない活用方法は、自分にとって無理のない到達目標と、そこに向かうための行動を習慣として身につけることです。

アップデートするタイミングがやってくることもありますが、「これをしていれば大丈夫」という自分への宿題が、心の安定につながります。

良い循環を生み出せた時、あなたは柔軟さと用意周到さと力強さを手に入れられます。

VIRGO

隠れたボーナス

分析力とは、物事を切り分けていくナイフです。

余計なものを排除し、自らのエゴを許容して選り好みすることに抵抗がなくなった時、あなたはこの世界を自分好みに切り取ることが出来ます。

切り取った世界はルーティーンを行うことで磨かれ、つけ入る隙のない完璧なものになっていくでしょう。

VIRGO

あなたへの誤解

人の役に立ちたいという美しい親切心の持ち主です。

人の役に立ちたいという美しい親切心をあなたは持っています。

また頑張りに対して、正当な報酬を望む、人として真っ当な意識も持っているはずです。

相反する視点を持っているために、どこか神経が張り詰めやすい神経質な印象を持たれやすくなることも。

苦しく悩ましい状態は自然ではありません。

その全ての葛藤を手放した時、あなた本来の朗らかさとノリの良い、しなやかな魅力が現れてくることでしょう。

あなた自身の居心地のよさを、
遠慮せずに優先していきましょう。

天秤座のあなたへ

（9月24日～10月23日生まれの方へ）

天秤座は、「I weigh」の推し量る星座サインです。
属性は風。支配星は金星。

天秤座は、コミュニケーション能力の高さや、対人関係においてのバランス感覚が優れていると言われています。

天秤座という星座が、受け取りやすいのは、もちろん支配星である金星の影響からです。専門的になってしまいますが、天秤座は金星の次に土星の影響を受けやすく、また火星の火力を小さくします。土星は社会規範や規律です。

火星は情熱と挑戦、燃えるような自己表現と言ってもよいのかもしれません。これらの天体から鑑みると、天秤座が持つ人当たりの良さには、自分自身を抑えているだけの可能性もあるということ。

TPOに合わせて心から楽しめるのは、その分、状況と環境に展開を委ねて心を沿わせているからなのでしょう。

愛されるべき、引き算上手のアピール下手さんです。

LIBRA

あなたの強み

あなたの言葉に宿る公平さがあなたの武器です。

あなたが誰かを励ましたり、勇気づけたいと思った時、それはかなりの確率で成功するはずです。

あなたの言葉に宿る公平さは、優しく寄り添う姉妹のようでもあり、時に父性的なものまで感じさせます。

相手の事情を想像し、思いやり、一歩引いた道徳的な観点で吟味をする。誰かを傷つけないための配慮が得意なあなたは、昨今厳しくなっているコンプライアンスについても、鷹揚に対応することが出来るでしょう。

LIBRA

美と愛の金星

天秤座の支配星である金星は、牡牛座サインも担当しています。またギリシャ神話のアフロディーテとローマ神話のヴィーナスは同一視される女神です。

女神に別名があるように、美の定義にも幅があります。

たとえるなら、牡牛座はこだわりの詰まった最高級のオートクチュール。天秤座は、あらゆるものを組み合わせた流行的な美と表現することが出来ます。

流行りに乗るというのは、没個性という意味ではなくて、その時代の美意識を取り入れて、自らにフィットさせていくという、むしろ個性的なものです。

どんな時代にも美しいとされる不変的な美と、人の命と意識に備わっている流動的で普遍的な美。天秤座の金星が表現するものは、後者であると思います。

それは、物質的なものだけとは限りません。人の命と意識に備わっているのは精神です。精神的に健やかで、心が穏やかであること。そして心が煌めくような時間。そんな経験を求めるからこそ、あなたは色んなものを天秤に掛けて様々なものを推し量るのだろうと思います。

LIBRA

隠れたボーナス

あなたは無自覚にモテています。異性から、同性から、子どもから、大人から、仲間たちから。けれども、黄色い歓声が飛び交うことはあまりありません。何故かというと、あなたと接すれば瞬間的に、あなたの人柄が伝わってくるからです。あなたが素敵なことは周知の事実で、わざわざ言葉にするのは野暮な感じがしてしまうのです。

ファンは応援する人に似ると言います。あなたが出会い、関わる人たちとの交流がさりげなく親切で心地の良いものであればあるほど、あなたの人柄と気遣いが浸透している証拠です。

LIBRA

あなたへの誤解

思慮深く、物事を判断する才能の持ち主。

あなたは物事の素敵な一面を発見することが上手なので、優柔不断に見られてしまうかもしれません。実際、決め手が欠けてしまうことはよくあります。

それを気軽に相談出来る、心安い人物と時間をともに過ごしましょう。答えを出せない時は良い意味でどちらを選んでも後悔しない時なのだろうと思います。

実際、あなたは持ち前の正義感で、大切な時はバシッと決めていける人です。カッコ良い潔さも持ち合わせていると、あなたの魅力を知っている人は分かっています。

あなたは素敵。

装いがどんなに移り変わろうとも、
あなたの強さは変わらない輝きを放つ。

蠍座のあなたへ

（10月24日〜11月22日生まれの方へ）

SCORPIO

SCORPIO

蠍座は「I desire」の切望する星座サインです。
属性は水。支配星は冥王星。

夜空に輝く蠍座の中心には、「アンタレス」と呼ばれる赤い星が煌々と輝いています。

この星は、「火星に比類する者」を意味するギリシャ語(Ant Ares) に由来しており、天文学と星占いは別の方向に発展したものだとしても、蠍座が高いエネルギーを秘めていることを示唆しているようです。

実際に火星は、1930年の昭和5年に冥王星が発見されるまでは、蠍座の支配星とされていました。

SCORPIO

あなたの強み

あなたの強みは洞察力と豊かな想像力です。

目に見えているものは氷山の一角にすぎず、物事の全貌はいつも視界には収まりません。点と点を結ぶためには、隠されていたものから目を背けず、真実を恐れないことが必要となってきます。あなたの強みは洞察力と豊かな想像力なのですが、それを束ねる意志の強さと肝の据わり方なのかもしれません。

SCORPIO

深淵なる冥王星

英語名 Pluto（プルートー）は、冥界を司る神の名であり、冥王星の衛星であるカロンはギリシャ神話に登場する冥界の川の渡し守とされています。

惑星を意識として考える占星術では、冥王星は認識出来ない無意識の領域です。認識出来ないからこそ避けられず、抗えない影響を私たちに及ぼしています。

それは大きく心を揺さぶり、カタルシスを呼び起こし、私たちの心を浄化してくれるものでもあるのです。

あなたは変身願望を秘めているのではないでしょうか。

なぜならあなたには強い責任感があり、それに加えて物事の様々なことを察知してしまうので、心のフィルターをリセットする必要があるからです。

変身するなら、なるべく現実から離れましょう。幻想的な空気をまとうことで、あなたの心は癒やされるはず。

変身とは、世間との接点をずらしていくことです。

誰も知らない私になる。誰も見たことのない自分になる。変身したあなたでなければ眺められなかった景色も、あなたの心象風景の一部となっていくでしょう。

SCORPIO

隠れたボーナス

冥王星は未だ掘り当てられていない金鉱と金脈を意味します。

あなたの持ち前の洞察力と想像力を心の中に向けていくことで、過去の経験から何度でも経験値を稼ぐことが出来るはず。

傷ついた出来事ではなくて、自らの傷そのものを見つめることで、もう当時ほどの痛みを感じない、強い自分に気がつきながら、人生の得がたい教訓を掴み取ることが出来るでしょう。

SCORPIO

あなたへの誤解

優しいからこそ、強くなる特性の持ち主。

あなたは想う力が強いからこそ、言葉は鋭く容赦のないものになっていきます。

その言葉が極端であればあるほど、その裏側には誰かを庇ったり、発言出来ない人の思いを背負っているのかもしれません。

優しいからこそ強くなる、そんな心の特性をお持ちなのです。

あなたは強《したた》かな人です。

強かとは、一筋縄ではいかない人のこと。

ですがそれは、あなたに自らの軸があり、闇雲で適当な反論や反射的な反抗心を持たないからこそ。

平和な日常に何か不穏な空気が流れた時、あなたはそれをいち早く察知し、必要であれば猛攻し、あなたの人生に損害を与える人たちをとことん排除していけるでしょう。

あなたのそのエッジの効いた一面は、いざという時に愛するものを徹底的に守り抜く力であり、個性です。

次世代の幸福まで思考が至る、
大きな愛の人。

射手座のあなたへ

（11月23日〜12月21日生まれの方へ）

射手座は「I see」の理解する星座サインです。
属性は火。支配星は木星。

未練も残さず、思いっきり飛び出していくのがあなたです。射手座というのは、弓を射る者ではなくて、飛んでもう戻っては来ない矢そのもの。

一度放たれれば、決して元の場所に戻ることはなく、ただ真っ直ぐに未知の世界へと向かいます。

世界はもっと広いはずだと直感し飛び出していく、哲学と冒険の星座です。

SAGITTARIUS

あなたの強み

あなたの強みは、楽観です。

悩む時はとことん悩みますが、行動しないことが事態をさらに悪化させていくと、あなたは無意識のうちに理解をしています。

楽観性は色んなものの明るい部分に光を当てて、挑戦する第一歩目を軽くしてくれるもの。楽観性は、なんとかなるさと前向きに未来を捉えられる力強さへとつながっています。

SAGITTARIUS

拡大の木星

実際の木星は、太陽系で最も大きく、他の惑星を全て合わせた二倍の大きさもあるガス惑星です。

輝く木星は特大のランタン。拡大と発展のエネルギーで、あなたの旅路をどこまでも照らし、前を向いて歩き続ける限り、道はどこまでも続いていくでしょう。

あなたは他人が書いたシナリオを拒絶出来る人です。誰かに人生のネタバレをされても、自分の目で見て確かめてみたい、通ったことのない道を歩きたい、こだわらないというこだわりのもと、「ケ・セラセラ」な精神性を持ち、大らかにそして積極的に希望を描く力があります。

SAGITTARIUS

隠れたボーナス

あなたは漠然と世界を広く眺め渡して、色んな文化とコミュニティがそれぞれ成り立っていることを知っています。

そのそれぞれに核となる目的や目標や思想があることを了解し、腹黒さのない賑やかさを持って参加していく。

信頼のもとに側から離れることがあるのは、大好きなものを大好きな状態のままで残しておきたいから。

旅を続ければ続けるほどに、あなたはこの世界を好きになっていくことが出来るはず。

SAGITTARIUS

あなたへの誤解

正直に言うと、あなたは複雑な人です。

純粋さと小難しさのムラっけを持ち、見えない何かの影響を受け取り、色んな透明度の色彩がランダムに心の表面に浮き沈みしています。

真理と哲学への渇望は、悩みや生きづらさにピリオドを打つため、そして一つの旅程に区切りを付けるためのもの。

衣装だんすの向こう側が魔法の国へとつながっているように、魂は気がつけばふわっとここではないどこかへ向かうはず。

考えなくてもよいことに頭を悩ましたり、考えるべきことを失念してしまったり、ほんの少しの世間ズレを起こしてしまうかもしれません。

そんなあなたを見て他人は、自由な人という印象を持つのです。

笑いたい時に笑い、好きな場所に行き、会いたい人に会いに行く。確かに実際、自由奔放かもしれません。

ですが、自由とは制限があってこそ、輝きを放つもの。

射手座のあなたは内心で、自らの限界や程度というものを見つめています。

自分が出来ることは他の人も簡単に出来るだろう、という熱くも冷たくもない自認がそこにはあるのです。

その大らかな視線は世界へと向けられ、色んな圧力を小さくしては無力化させていきます。能動的に動いていくことで、あなたの自己実現は叶うのです。

既存のカテゴライズの中にあなたはいません。

ただあなたが存在するという、それだけが全てです。

旅人であるあなた。

何者でもないからこそ、
あなたは自分を保てる。

山羊座のあなたへ

（12月22日〜1月19日生まれの方へ）

山羊座は「I use」の使役する星座サインです。
属性は土。支配星は土星。

土星座に属する牡牛座と乙女座は、心の納得感や状況分析によって、大切なポイントを見極めた上で意思決定を行っていきます。

山羊座のあなたが何か意思決定をする時は、メリットとデメリットの両方を手に取り、確実な成果や自分の気持ちというものと見比べて、堅実的で地に足をつけた決定を下すことでしょう。

CAPRICORN

あなたの強み

あなたの強みは素直さです。

あなたの心の底から湧き上がる自己成長欲求に従った時、あなたにしか経験出来ない多くの感動と苦難に出会うはずです。自らの目標のためにコツコツと努力を積み重ね、己自身を鍛えていくことは、自分の人生に責任を持っていなければ不可能なこと。自己責任感から逃げ出さず、至らない部分を振り返れる素直なあなたは、心が強いのだと思います。

CAPRICORN

規律と試練の土星

輪っかの可愛い土星は、農耕の神クロノスの神話と結びつけられています。クロノスは父であるウラノスを倒し、実権を握りました。

占星術において、土星は試練を与える天体だと言われています。それは、刷り込まれていた価値観や、自らの可能性を狭めている思い込みに気がつく、重要な機会を与えてくれるという意味です。

あなたは、常識という美徳を持っている人物。社会規範に則し、人としての道徳に裏打ちされた選択を繰り返すことで、穏やかで信頼感のある魅力となって周囲の人たちに伝わっていきます。周りの人々は、あなたの常識的な判断や行動に安心感を覚え、自然と信頼を寄せるようになるはずです。

そのため、自分自身が手を挙げなくとも、リーダーや責任者などのまとめ役に任命されやすい傾向があります。

全体を見渡せる、視野の広いあなただからこそ、様々な状況を理解してしまい、断れないこともあるかもしれません。

自らのエゴではなく、全体の流れや利益を考えて動けるあなたは、様々な人たちのお手本となっていくことでしょう。

CAPRICORN

隠れたボーナス

あなたは漫画の主人公のように、人生の全てを賭けて、何度も何度も限界突破を繰り返します。

あなたが無意識のうちに磨いている、常識というフィルターは、無駄を見つけ、容赦なく矛盾点を指摘する鋭い視点を確立します。

それを相手に告げないことも優しさです。

最も効率的なサイクルのもとで、あなたは自己成長を続け、自らの王国を築き上げていけるでしょう。

CAPRICORN

あなたへの誤解

あなたの強みは、強い意志です。

あなたが目標に向けて努力を積み重ねる姿からは、妥協を嫌うストイックな印象を持たれることがあるかもしれません。

自己鍛錬や下積みを厭わず、確実に実力を身につけていくあなたは意識を高く保たなくとも、自然と実力者の風格を手にすることが出来るのです。

あなたは全体の繁栄が実現しなければ、結果的に個人の幸福は実現しないのだという高い視座を持っています。

現在位置から慎重に展開を先読みし、布石を打つかのような選択で自らの未来を確実に築き上げていけるのです。幸福を実現していくために、社会全体や組織のために力を尽くしていくことは回り回って、あなた自身の幸せに貢献してくれることでしょう。

あなたは自分を大切に出来る人です。

まずは自分自身を満たすことでしか、誰かを愛する余裕は生まれないと、心のどこかで本能的に知っているような気がします。

どんなに険しく登りきれない崖であろうとも、
意志と己の蹄《ひづめ》で駆け上がるあなた。

水瓶座のあなたへ

（1月20日〜2月18日生まれの方へ）

水瓶座は「I know」の周知の星座サインです。
属性は風。支配星は天王星。

風星座の中でも、特に高い標高に吹く風が、水瓶座のあなたの風です。

標高は高ければ高いほど、重さはなくなり、気圧と気温は低くなっていきます。

軽くて冴え冴えとした澄んだ風は、どんな山脈にも阻まれず、雪を運びます。どこか浮世離れしたような、独特さを持つあなたです。

AQUARIUS

あなたの強み

力強さと直感力こそがあなたの武器。

あなたは物事をフラットに受け取り、差別や偏見なく中身を知ろうとすることが出来る大きな器を持っています。あなたの普遍的な事実に基づいた、冷静すぎる意見は、時に少しだけ異色です。ですが、人の根底を大切にしている筋の通ったアイデアに、耳を傾ける人は多いと思います。問題の根底から覆すような発想。それがあなたの強みとなります。

AQUARIUS

革命の天王星

天王星は、自転軸が98度ほど傾いており、横倒しの状態で太陽の周りを回っています。「斜に構える」、そんなところがあなたにもしもあれば、それは天王星の影響かもしれません。

占星術において天王星が担う象意は、革命と価値観の刷新です。天王星はあらゆる枠や規定を超えて、理不尽な立場の違いや差別を許しません。また天王星が発見される前には、水瓶座の支配星は「試練の星である土星」であり、山羊座さんと同様に、全体を俯瞰するような気質があるように思います。

革命の星に司られる水瓶座サイン。それは無礼講で博愛的なニュアンスを持ち、虐げられている者たちの味方になれるサインです。

新しい考えや技術に心惹かれ「もっと事態を良くするため」に、「人としての最善を尽くすため」に、思考を練り上げ、独自路線を選ぶ傾向が強くなります。

あなたの分け隔てのない態度は、あらゆる可能性を否定しません。自分の考えを大切にするように、他人と集団の思想を尊重していく様子は、新しい発想が自然と生まれる雰囲気が広がり、新時代の到来を予感させてくれるものです。

AQUARIUS

隠れたボーナス

あなたは冷静でロジカルな一面を持ちながらも、繊細な気遣いを忘れない人です。

その心くばりはさりげなく、気づかれることは少ないかもしれません。しかし、あなたの周りには自然と素敵な人々が集まります。

それは、あなたの持つユニークさと優しさを敏感に感じ取れる人たちを、あなた自身が無意識のうちに引き寄せて、時にふるいにかけているからです。

あなたがただ自然体でいるだけで、美しい交流が生まれます。

AQUARIUS

あなたへの誤解

あなたのキーワードは、「俯瞰的」「普遍性」「博愛」です。

あなたの全体を俯瞰するような言動と、その発言の根底にある揺るがない普遍性から、クールでドライな印象を持たれやすいかもしれません。

ですが、あなたはとても愛情深い人です。

もしも相談事を持ちかけられたのならば、同情や慰めることだけでは終わらずに、持っている知識を惜しまず、アドバイスをしてあげるでしょう。

あなたの既成概念に捉われない発想力は、悩んでいる人の目から鱗を落とし、見ていなかった可能性へと視野を広げることが出来ます。

相手の可能性を信じて見守る姿勢をとることは、あなたの他者への尊重という、大きな愛を感じられます。

博愛的に広く平等に愛するということは、大きな愛をそもそも持っていなくてはいけません。

その愛情が、誰か特別な存在に注がれた時、私たちは赤い炎よりも、青色のほうが熱いことを思い出すことでしょう。

あなたは飛び抜けて個性的。

あなたの手にかかれば、
この世界の可能性は無限に広がっていく。

魚座のあなたへ

（2月19日〜3月20日生まれの方へ）

PISCES

PISCES

魚座は「I believe」の信頼の星座サインです。
属性は水。支配星は海王星。

12星座のラストである魚座さん。

感情を表す水の星座の中でも、魚座さんの水は、全てに侵食し存在を受け止める塩辛い水。海底の裂け目を抱く汲み取りきれない海です。

海底の裂け目は地球の癒えることのない傷のこと。

誰かの心の傷に触れた途端、共鳴してしまう豊かな感受性をあなたは持っています。

PISCES

あなたの強み

愛や善を直感的に理解する力があなたの武器です。

目に見えなくとも感情は確かにあります。

その不確かで、確かめようもないものの中にある、愛や善という感覚を、直感的に理解が出来ることは、あなたの強みです。それを当たり前だと思えるあなたの心こそ強みであり、宝物だと思います。

PISCES

幻想と想像の海王星

海王星は海神ポセイドンの神話と結びつけられています。土星であるクロノスの息子であり、ゼウスの兄に当たります。

海王星はその見た目から「青い木星」と呼ばれており、占星術の観点から見ても、木星と海王星のエネルギーには「広がっていく」という類似点が見受けられます。

海王星は、あらゆるものの輪郭を溶かし、線引きを曖昧にする天体です。あなたの強みでもある「信じる心」は、星の影響を無自覚に使い、自分のものではない感覚に触れる機会が多かったから得られたのかもしれません。

自分以外の感情に触れられることは、愛への確信を持つのにきっと有利なことでしょう。

あなたはスピリチュアルなものへの高い素養を持っていま

す。何気ない日々の中でも「何故か分かる」という、根拠のない確信が心の中に湧いてきやすいのではないでしょうか。

それは、幸福と現実を超越した集合的無意識への直感です。

ふと見上げた飛行機雲や虹や、木々から差し込む木漏れ日から、美と喜びと愛を見つけ出せる力です。

PISCES

隠れたボーナス

あなたは無意識のうちに、色んな感情を吸収し、辛くなってしまうことがあるかもしれません。

あなたの透明で敏感な心は、あなたが抱いた愛や悲しみを増幅させる材料を周囲から拾ってきてしまいます。

愛はさらに満たされて、悲しみは余白を埋め尽くされることで、浄化されていくのです。

不思議と心が打たれ強いのは、多くの気持ちをキャッチする豊かで優しい感受性の賜物なのだと思います。

PISCES

あなたへの誤解

あなたは優しくて強い人です。

星占いにおいて、あなたは優しいと表現されやすいように思います。

それは、あなたがただ生きているだけで多くのものを受け取れることから、芸術への感度が高く心が豊かだからかもしれません。

また、存在しているものをそのまま受け取れることから、あなたと出会った人たちは、見守られているような安心感を自然と抱いてしまうのでしょう。

あなたはとても強い人です。

どんな辛いご縁も経験も、引きずる期間があったとしても、憎むでもなく恨むでもなく、負の感情を祈りに変えて、フワフワと忘却してしまいます。

手放すことは、もう取りづく島もないということ。あなたとの出会いに二度目はないかもしれません。

自分自身の可能性を信じられた時、あなたは、色んな世界とたやすく交流が持てるはず。

そして、あなた自身が、世界と世界を結びつける重要な結び目となるでしょう。

存在を受け入れる受容の心と確固たる断絶、夢と現実の間を自由自在に泳ぐあなた。

自分自身に「恋」をしてください

「恋」とはなんて不可解なものなんだろうと思います。

「恋」にはお近づきになりたいという、下心が漢字に表れていて、「愛」には、下心ではなく、自分の心で相手のためを思うのだという解釈を、耳にしたことがあります。


誰かのためを思って行動できることが「愛」なのだとして、では「恋」とは、下心にまみれた薄汚いものなのでしょうか？

そんなことはないだろうと思います。

恋する相手のことを思うと、人は幸福になり、ついその人を目で追ってしまいます。「恋」はキラキラするものです。

そして、その人のことをもっと知りたいと願ってしまうものなのではないでしょうか。

「恋」とは相手のことを知らない『余白部分』に対する感情だと思います。

私の初恋は人よりも遅いタイミングでやってきました。

異性との距離をしっかりと取れるようになってからだったので、無闇に話しかけることも出来ずに、ただ好きな人のことを目で追ってしまうだけ。

その人が視界に入ると、世界が丸ごと明るくなったような気がして、その人が何をしていても愛おしく感じられる不思議な体験をしました。

世界はこの人のためにあるのではないかと、そう本気で思えるくらいだったなぁと思い出して懐かしくなります。


恋をすると、脳内麻薬と呼ばれる「エンドルフィン」や「ドーパミン」が出るそうです。通常の状態ではないのだ、と知って、私は納得した覚えがあります。


この話を書くために、改めて脳内ホルモンのことを調べてみると「性欲」と「愛着」という言葉にも出会いました。

ですが、ここでおすすめしたいのは、自分自身に「恋」をすることです。

強いていうのであれば「恋」というもので、もしかしたら、異性やパートナーに感じる感覚とは別物なのかもしれません。

私が心からお伝えしたい感覚は、検索してみても見つかりませんでした。自己肯定感に近いような、でも真逆の主張です。

自分の『余白部分』を信じてみてほしいのです。


今の自分を肯定出来なくても、大っ嫌いでもいいから、いつか何かのきっかけで、自分の知らなかった部分をきっと知ることが出来るはず、と自分自身の中に、光のヴェールに包まれた神秘的な魅力の存在を信じていくことを、ここでは「恋」と呼称し、おすすめします。


私たちは自分のことを知るために、色んな勉強をします。

心理学や心理テストや占い。ＭＢＴＩ診断。自己解明のためには、心理的なアプローチに留まらずに、骨格診断や似合うメイクで魅力を最大限に引き出そう…など、様々なコンテンツとなって、自分自身に色んな物差しを当てて、多角的に自分を知ることこそが、自分の幸福を摑む唯一の方法かのように宣伝されています。

果たして本当にそうなのでしょうか。

私たちの幸福度が上がらない理由に、SNSの普及が挙げられています。
それは気軽に他者の生活を覗き見れて、自分の現実を無意識のうちにでも比較出来てしまえることが原因です。

他人の成功パターンがそもそも、自分に合うのかも分からないのに、似合うメイクやワンピースが好みのテイストでなかった場合、それが正解だとされることのほうが不幸なのではないでしょうか。

「自分のことは分かっている！」と断言する人を思い浮かべると崩壊の気配を感じます。

たとえば、家族からお酒の量を注意された時に「自分のことは分かっている！」ということや、誰かから何かをすすめられた時に「自分のことは分かっているので」と断ること。何か助言やアドバイスをもらった時に、言われてもピンと来ないからと実行せずに進歩と成長を見送ることを、私たちは常日頃からしてしまっているような気がします。

自分自身がドジを踏もうが失敗しようが、ただ大好きな存在に注ぐ眼差しのままに、「私、頑張ってるなぁ」と思うだけに留めて自分を責めないこと。

好きな人の大好物や行きつけの場所を教えてもらえたくらいのテンションで、周囲の助言を聞き入れて、さらに自分自身が成長出来る可能性にワクワクしてみること。自分の悩みやコンプレックスに対して、自傷するように情報を集めずに、前向きな意志を抱いて情報を集めていくこと。

この世界は、あなたが思いたいように、フィルターを調整してよいのです。

好きな人とどんどん仲良くなれる期待感に似たものを、自分自身の上達と成長、そして幸福に転写していきましょう。

自分自身こそ、最大に愛しい存在です。自分がさらに素敵になれる可能性を信じていきましょう。

それが、最も自分らしくいられるあり方であり、誰にも奪えない自分だけの幸福を築き上げていく方法だと考えています。

美しい未知なる可能性を
自分の内側に信じる、
「恋」するような眼差しを
自分に向けていきましょう

おわりに

常に変化し続ける私たちは、毎秒ごとに完璧であり、流れそのものだけが永遠に変わらない、普遍的なものです。

私たちの住んでいる地球は、太陽の周りを公転しています。地球は、水・金・地・火・木・土・天・海・冥（※冥王星は現在準惑星）と呼ばれる惑星からなる「太陽系」に属するもの。

そして太陽系は天の川銀河を公転しており、銀河自体も広大な宇宙の中を移動しています。そのため、私たちは常に新しい空間に存在していることになります。

占いの中でも星占いのように生年月日からみる占いは、その人にとって確固たる答えを示しているように思われるかもしれません。

しかし、あなたが何座であったとしても、その星座を詳しく調べていけばいくほど、その実態は広く摑めないものになっていきます。

あなたがたとえ双子で同じ日に生まれたきょうだいがいたとして、運命は異なります。どんな占い師であっても、あなたの今後を正確に予言できる人はいません。
未来が決められているなんて、つまらなすぎる考え方ではありませんか。

自らの夢と適性が異なった時に、自分の努力でそれを覆せないのならば、頑張る意味はありません。

今、相性が良いと思っている友人ともいつか考え方にズレが生じて、仲違いしてしまうかもしれません。

そして、どんな過去のわだかまりもいつかは消滅してしまいます。

細胞は成長をし続けて、そのうちに老いて衰えます。

誰しも時間から逃れることは出来ないのです。

見た目や感受性はどんどんと変化をしていき、変身を終えた後にだけ以前との違いが明確化します。

その流れの中にあっても変わらなかったものこそが、あなただけの本質なのかもしれません。

過去にこだわったところで、まったくの無意味です。

何か心に棘が刺さったまま抜けないのであれば、それは個人レベルのものではなく、「より大きな意味を持っているのかも」と再考してもよいのかもしれません。

過去の苦しみがいつまでも消えないことや、すっきりと解決出来ない問題のために、あなた自身が自分を軽んじることがありませんように。

私は心から祈っています。

あなたの人生は、あなただけのものです。

あなたの可能性を、摘み取る権利は誰にもありません。

ホロスコープが描き出す星々が、あなたの才能を決定するのではなくて、ただあなたの心を映し出しているだけなのです。

空を見上げてみてください。

世界の美しさに感動できたその瞬間、あなたの心に最も美しい輝きが生まれています。

占星術を学びたいと願い、それを目指して歩んできた道の途中で、このたび書籍を出すという機会をいただけたことは、私にとって奇跡のような出来事です。

本書の制作にあたっては、多くの方々の力をお借りしました。

繊細で美しい世界観を形にしてくださったデザイナーさん。

私の言葉を、視覚的にやさしく解きほぐすようなイラストを描いてくださったイラストレーターさん。

そして、拙い原稿に丁寧に向き合い、よりよい本となるよう導いてくださった編集者さん。

みなさんのお力添えがなければ、この一冊は生まれませんでした。心より感謝申し上げます。

そして何より、この本を手に取ってくださったあなたへ。

数ある本の中から、この一冊に目を留め、ページをめくってくださったこと。それ自体が、私にとっては奇跡のような出会いです。

ほんのひと時でも、この本があなたの心にやさしい灯をともせたのなら、書き手としてこれ以上の喜びはありません。

ありがとうございました。

あなたの孤独《こどく》も幸福《こうふく》も、星《ほし》はぜんぶを知《し》っている

— ANNA. の星読《ほしよ》み —

2025年 4月30日　第1刷発行

著者　ANNA.
発行者　矢島和郎
発行所　株式会社 飛鳥新社
〒101-0003
東京都千代田区一ツ橋2-4-3
光文恒産ビル
電話 03-3263-7770（営業）
03-3263-7773（編集）
https://www.asukashinsha.co.jp

イラスト　綾戸み也
装丁　PASSAGE 荻原佐織
図解　株式会社明昌堂
校正　株式会社文字工房燦光
印刷・製本　中央精版印刷株式会社

ISBN978-4-86801-080-7

編集担当　宮崎綾